W9-BSZ-662

C'est-à-dire

DU MÊME AUTEUR

CHEZ LE MÊME ÉDITEUR

Documents (1929-1930)

(avec George Bataille)

Cahiers de Gradhiva 19, 1991

La Langue secrète des Dogon de Sanga

Cahiers de Gradhiva 20, 1992

12, rue Pierre et Marie Curie, 75005, Paris.
ISBN : 2-85893-168-2

Michel Leiris

C'est-à-dire

Entretien

avec Sally Price et Jean Jamin

suivi de

Titres et Travaux

Entretien

avec Jean Jamin et Sally Price

Les conversations qui ont donné lieu à cet Entretien *se sont déroulées le 28 octobre 1986 et le 12 mars 1987 dans l'appartement de Michel Leiris, au 53 bis quai des Grands-Augustins à Paris VIe. Les enregistrements ont été systématiquement transcrits par Sally Price et Jean Jamin, et le texte obtenu a été réorganisé, revu et complété par les trois participants. Une version anglaise (traduite et présentée par Sally Price) a été publiée sous le titre « A Conversation with Michel Leiris » dans la revue* Current Anthropology *(volume 29, n° 1, février 1988, pp. 157-174). La version originale française, quelque peu différente quant à son organisation interne, a été publiée dans* Gradhiva *(n° 4, été 1988, pp. 29-56). C'est cette version, à quelques corrections typographiques près, qui est ici reprise. Les notes sont de Sally Price et Jean Jamin.*

Le titre C'est-à-dire *donné à ce présent recueil est emprunté à un titre auquel Michel Leiris avait songé, et noté dans son Journal pour un ouvrage posthume.*

Sally Price — *Pour commencer, je dois dire quelques mots sur le but de nos conversations. C'est Adam Kuper, le rédacteur en chef de la revue* Current Anthropology, *qui m'a demandé d'avoir une série d'entretiens avec vous, Michel Leiris, afin d'éclairer pour les lecteurs non francophones, et en particulier pour les ethnologues anglo-saxons, le climat intellectuel dans lequel s'est développée l'ethnologie en France pendant ces cinquante dernières années. Comme vous en êtes une figure importante, je voudrais vous interroger non seulement sur l'histoire de l'ethnologie proprement dite, en France, mais sur les liens que celle-ci a pu entretenir avec le monde littéraire, artistique et même politique...*

Michel Leiris —... liens qui étaient assez ténus en vérité... C'était peu de chose. J'ai eu des liens mais enfin il ne faut pas s'imaginer que ça se passait comme ça pour tout le monde.

S. P. — Comment préférez-vous procéder ? Va-t-on donner une structure à cet entretien ou va-t-on se promener un peu partout parmi des idées diverses ?

M. L. — Je crois que le plus simple est de se promener un peu partout. Je crois même que c'est la seule façon d'y arriver. En tout cas, il y a Jean Jamin qui étudie depuis longtemps la question et qui est peut-être à même de faire une grande déclaration ou une courte mais percutante déclaration...

Jean Jamin — *Non ! Je n'ai pas de déclaration à faire sur le sujet... Si donc je me réfère au projet d'Adam Kuper et sur ce qu'il a déjà entrepris avec Edmund Leach, il s'agirait de faire à haute voix une sorte d'autobiographie intellectuelle... Or, te concernant, si tu as beaucoup parlé de toi et écrit sur toi, j'observe, par contre, que tu as assez peu parlé, pas publiquement en tout cas, de l'itinéraire intellectuel qui t'a conduit à l'ethnologie, si ce n'est dans tes* Titres et Travaux [1], *document à usage administratif qui reste assez confidentiel et qui, par ailleurs, a été rédigé tardivement.*

M. L. — Me concernant, je te dis franchement que c'est le surréalisme, dont j'ai connu les quatre premières années (1925-1929) et qui représentait pour moi la rébellion contre le soi-disant rationalisme occidental, et que c'est donc la curiosité pour des peuples qui relevaient plus ou moins de ce qu'à l'époque Lévy-Bruhl appelait « la mentalité primitive ». C'est tout simple.

J. J. — Aviez-vous l'occasion de parler d'ethnologie, au sens strict, dans le milieu surréaliste ?

M. L. — Guère. Non, on parlait de l'Orient, l'Orient avec un grand O, au sens rimbaldien : ce qui n'est pas l'Occident. Quelqu'un comme Artaud et nous autres à sa suite nous vomissions le pape et rendions hommage au Dalaï-Lama [2]. C'était un peu biscornu.

J. J. — En somme c'était remplacer un culte — mettons celui de la raison — par un autre !

---

1. Cf. *Titres et Travaux* de Michel Leiris, Centre National de la Recherche Scientifique, Paris, août 1967 : 23 pp. (multigraphiées). Document conservé au Département d'archives de l'ethnologie et à la bibliothèque du musée de l'Homme et repris infra pp. 57-80.
2. Cf. [Antonin Artaud] « Adresse au Pape. Adresse au Dalaï-Lama » ; « Lettre aux écoles du Bouddha », *La Révolution surréaliste*, 1925, (3), pp. 16-17 et 22.

M. L. — En fait, on ne s'en rendait pas compte. On était nettement contre l'Occident. D'ailleurs, dans les déclarations surréalistes et dans les manifestes cela est marqué d'une façon violente : il s'agit bel et bien d'une rébellion contre la civilisation occidentale.

J. J. — Mais la civilisation occidentale que vous stigmatisiez, se réduisait en fait à quelques traits, parfois grossis sinon caricaturaux, ou encore se réduisait au capitalisme.

M. L. — Oui. Mais alors là, pas tout de suite. C'est après et c'est pour cela que la plupart d'entre nous nous sommes allés vers le communisme. Au début, on ne pensait pas que c'était la société capitaliste. Dans cette démarche, il y a une chose qui, à mon avis et puisqu'on se place à un point de vue ethnologique, est digne de remarque, c'est que notre première manifestation politique a été le banquet Saint-Pol Roux [3], laquelle, pratiquement, a été une manifestation contre la guerre du Maroc [4]. On a crié, entre autres cris, « Vive Abd El-Krim ! »...

J. J. — Et « A bas la France ! »

M. L. — Oui, naturellement. Mais cela n'avait rien à voir avec l'ethnographie ni avec le goût de ce qu'on appelle maintenant le

3. Le banquet donné en l'honneur de Saint-Pol Roux, poète (1861-1940) que André Breton considérait comme un précurseur et en qui il vit un « surréaliste dans le symbole », eut lieu en juillet 1925 à la Closerie des Lilas et fut le théâtre d'un des grands scandales du surréalisme, les surréalistes présents s'en prenant tout particulièrement à une invitée d'honneur, Mme Rachilde, à qui ils reprochaient son patriotisme chauvin. Dans ses *Entretiens* [Paris, Gallimard, 1969 (1952), pp. 115-117], André Breton note que « Leiris échappa de justesse au lynch pour avoir proféré à la fenêtre, puis sur le boulevard, des cris tout exprès séditieux. »

4. Il s'agit de la guerre du Rif, l'une des toutes premières grandes guerres coloniales, dans laquelle l'Espagne puis la France furent engagées de 1921 à 1926, luttant contre les tribus berbères réunies sous l'autorité militaire et politique d'Abd El-Krim et qui, depuis le début du XIXe siècle, s'étaient opposées à la pénétration européenne.

Tiers-Monde. En tout cas, notre première prise de position politique fut une prise de position en somme anticolonialiste.

S. P. — Comment ce culte dont vous parliez tout à l'heure, et auquel vous avez adhéré, s'est-il modifié pour vous ?

M. L. — Je n'ai jamais rejeté le surréalisme en tant que tel. Comme quelques autres, j'ai rejeté la tutelle de Breton — ce qui n'est pas pareil. Depuis, beaucoup d'eau a passé sous les ponts et l'on a examiné la question avec plus de sang-froid. Breton avait d'énormes qualités — c'est entendu — mais il avait un défaut : il était difficile de caractère et assez autoritaire. On a été un certain nombre à se rebeller contre lui. Et puis, à ce moment-là, c'était surtout Bataille — qui n'avait jamais été surréaliste — qui taxait Breton d'idéalisme en dépit des déclarations matérialistes de celui-ci. Tout cela est affreusement compliqué et je ne peux guère que renvoyer à l'histoire du surréalisme par Nadeau [5]. Mais ce qui reste, pour ce qui nous occupe, et qui est, je crois, très important, c'est que notre première position politique a été une position anticolonialiste, hostile à la guerre du Rif. Au fond, on s'est soucié du sort des peuples colonisés bien avant de se soucier du sort du prolétariat. Il est extrêmement probable — c'est le côté esthète — que l'exotisme a joué. On était beaucoup plus portés à se solidariser avec des opprimés « exotiques » qu'avec des opprimés d'ici.

J. J. — Comment es-tu venu au surréalisme ?

M. L. — J'étais très lié avec Masson qui, à l'époque, était un peu mon mentor et qui était devenu surréaliste. Comment j'ai rencontré Masson ? J'avais fait la connaissance de quelqu'un qui devint surréaliste aussi par la suite mais qui n'a jamais écrit,

5. Cf. Maurice Nadeau, *Histoire du surréalisme*, Paris, Seuil, 1964 (édition augmentée ; lre édition : 1944.).

Roland Tual, que j'avais rencontré chez Max Jacob à Saint-Benoit-sur-Loire, quand Max Jacob s'était retiré chez les Bénédictins. Je me suis tout de suite lié avec Tual qui m'a dit que je devais à tout prix faire la connaissance de son ami André Masson qu'il considérait comme un merveilleux peintre. Cela se passait en 1922 et nous avons fraternisé immédiatement [6]. Mais c'est Max Jacob qui, en poésie, a été mon maître. Je lui envoyais des poèmes et puis il me les corrigeait, pas exactement, il me disait en général que c'était très mauvais. Il n'avait pas tort. C'est comme ça que j'ai fait mon apprentissage. Pour Masson, ce fut sa peinture et le personnage. C'était un homme très cultivé qui connaissait énormément de choses. J'allais dans son atelier l'après-midi et lui travaillait de son côté ; on parlait, on parlait surtout de nos lectures ; il m'arrivait de travailler moi aussi. C'était vraiment un atelier dans toute l'extension du terme. Miró était déjà là ; il était le voisin immédiat de Masson.

J. J. — C'est donc par Masson que s'est fait, si je puis dire, ton passage au surréalisme.

M. L. — C'est par Masson, en effet. Il y avait eu une exposition de lui à la galerie Simon qui était la galerie Kahnweiler de l'époque [7]. Breton qui y était allé avait été très emballé par un tableau de Masson qui s'appelait *les Quatre éléments*, et il avait tenu à faire sa connaissance. Ensuite, c'est Masson qui m'a fait rencontrer Breton. J'ai connu également Limbour, qui était déjà surréaliste — mais il ne fut jamais très orthodoxe et s'avéra fort peu discipliné —, et par lui j'avais rencontré Desnos. Je te l'ai peut-être dit déjà, car c'est intéressant du point de vue de la petite histoire littéraire : j'étais en ballade un après-midi avec Limbour, on avait dû déjeuner ensemble, et, par pur hasard, on rencontre Desnos que Limbour connaissait assez bien (je crois qu'ils avaient

6. Cf. Michel Leiris. « 45. rue Blomet », *Revue de musicologie*, 1982, T. 68 (1-2), pp. 57-63 [numéro spécial en hommage à André Schaeffner].
7. Cf. Daniel-Henry Kahnweiler, *Mes galeries et mes peintres. Entretiens avec Francis Crémieux*, Paris, Gallimard, 1982 [Préface d'André Fermigier].

fait une partie de leurs études ensemble). Desnos nous donne des nouvelles de l'ex-groupe Dada français et puis il dit : « On va publier une revue qui s'appellera *La Révolution surréaliste*, un titre, ajoute Desnos, du genre de " La bataille syndicaliste " ». Ensuite, j'ai vu assez régulièrement Breton au fameux café Cyrano. Mais je m'étais lié essentiellement avec Aragon qui était beaucoup plus dans la vie que Breton (qui, lui, faisait un peu gourou, alors qu'avec Aragon on vadrouillait la nuit à Montmartre).

J. J. — En un certain sens, n'était-ce pas rompre avec ton milieu familial qui appartenait à la bourgeoisie, plus exactement à la moyenne bourgeoisie ?

M. L. — Je n'ai jamais senti ça comme une rupture. Tout bonnement, je n'avais aucune envie d'avoir quelque profession que ce soit, j'avais envie d'écrire.

S. P. — Si vous aviez vingt ans ou trente ans aujourd'hui, dans le milieu où nous sommes — moment où le surréalisme s'est établi plus ou moins comme une partie de notre histoire, de notre héritage culturel — vers quoi pencheriez-vous ? Quelles sont les personnes littéraires, politiques ou artistiques qui vous attireraient ?

M. L. — Actuellement je ne vois pas des gens comme Breton, comme Sartre ensuite — qui ont été un peu des maîtres à penser... Je ne veux pas dire du tout qu'il n'y a pas des gens de qualité, voire de très haute qualité. Mais des gens qu'on appelle vraiment « maîtres à penser », qui entraînent pas mal d'autres avec eux, imposent leurs façons de voir — ou, plus exactement, dont les façons de voir s'imposent —, je ne vois pas de qui on peut dire cela aujourd'hui.

S. P. — C'est-à-dire que vous avez eu de la chance d'être né à un moment qui vous a reçu avec...

M. L. — Oui, je crois que la situation pour les jeunes intellectuels dans les années vingt était bien meilleure que maintenant, parce que tout de même il y avait moins de problèmes politiques et économiques. Il était donc plus normal de penser à une activité à peu près exclusivement intellectuelle. Actuellement, il y a bien sûr — je l'ai dit — des gens de valeur mais ils sont beaucoup plus dispersés ; il n'y a pas de mouvement digne de ce nom.

J. J. — Il y a eu aussi — tu l'as écrit dans un passage célèbre de l'Âge d'homme — *l'influence du jazz.*

M. L. — Evidemment, le jazz a été pour moi très important.

J. J. — Justement et pour en revenir à ce que tu disais tout à l'heure, le jazz était-il conçu comme une musique exotique ?

M. L. — Pour moi, c'était de l'exotisme dans la civilisation industrielle américaine. Le jazz participait à la fois de cette civilisation industrielle et de l'Afrique.

S. P. — Comme j'ai cru le comprendre dans ce que vous avez écrit, vous avez vu le jazz comme une sorte de possession.

M. L. — Un petit peu, en effet. Je pensais volontiers que le jazz, c'était un peu la transe, ce qui, d'ailleurs, n'est pas tellement faux.

S. P. — Et après avoir vu la transe en Afrique, est-ce que vos idées sur le jazz se sont modifiées ?

M. L — J'avais fait un compte rendu du film de King Vidor *Hallelujah* [8] où je montrais les Noirs comme des gens particulière-

8. Cf. Michel Leiris, « Saints noirs. A propos du film de King Vidor : Hallelujah », *La Revue du cinéma*, 1930 (2), pp. 30-33, repris dans *Zébrage*, Paris, Gallimard, 1992.

ment capables de se déchaîner et d'entrer dans des espèces de transes.

J. J. — De toute évidence, les surréalistes auraient dû s'intéresser au jazz. Mais ça n'a pas été le cas.

M. L — Breton avait horreur de la musique. Mais d'autres l'aimaient bien.

J. J. — Le fait que Breton n'aimait pas la musique suffit-il à expliquer le peu d'écrits surréalistes sur la musique ? Cela me conduit à une autre question : il y a eu une poésie surréaliste, une peinture surréaliste, une sculpture surréaliste, mais il n'y a pas eu de musique surréaliste...

M. L. — Il ne pouvait pas y avoir de musique surréaliste. Pour qu'il y ait surréalisme, il faut qu'il y ait réalisme ; il faut qu'il y ait une réalité à manipuler. La musique — je ne la minimise pas en disant cela — ne touche absolument pas à la réalité. C'est un système qui n'est même pas de signes —, ça n'a pas de signification la musique. Ce qui compte ce sont les rapports de sons. Un surréalisme musical n'est pas concevable. Un surréalisme littéraire, oui, parce que la matière c'est les mots ; un surréalisme pictural, oui, parce que la matière c'est les images ; un surréalisme musical, sur quoi reposerait-il ?

J. J. — N'y aurait-il pas quelque chose d'un peu surréaliste dans le jazz ?

M. L. — Pas du tout. Du moins je ne pense pas. On peut dire quand même qu'il y a un aspect qu'on retrouve dans le surréalisme, c'est l'improvisation.

J. J. — Il y a aussi la subversion des valeurs, et des valeurs musicales occidentales, parfois la volonté manifeste de les tourner en dérision.

M. L. — D'accord, mais c'est un aspect secondaire. L'essentiel est que le surréalisme littéraire ou pictural implique qu'on joue sur des choses signifiantes. En musique, en jazz, il n'y a pas de signifiants. J'ai toujours aimé et estimé beaucoup René Leibowitz, un grand ami compositeur, chef d'orchestre et musicologue dont j'appréciais fort l'intelligence et la sensibilité. Mais il y a un petit bouquin de lui [9] où à mon avis il s'est complètement trompé et Sartre, qui l'a préfacé, à sa suite : il a pensé démontrer — à l'époque on ne parlait que de littérature engagée — qu'il y avait une musique engagée et il a pris comme exemple *le Survivant de Varsovie* de Schoenberg. Eh bien, *le Survivant de Varsovie* n'est absolument pas de la musique engagée ; c'est les paroles qui sont engagées, pas la musique. Une des tristes preuves du non engagement de la musique est que le fameux chœur de *Nabucco*, l'opéra de Verdi, qui a été presque un hymne risorgimentiste, est devenu maintenant un hymne du Front national, de l'extrême-droite.

J. J. — Revenons un moment sur cette idée d'exotisme telle qu'évoquée par les surréalistes. Il est curieux de noter qu'à propos d'exotisme, les surréalistes le recherchèrent par la pensée ou par le rêve plutôt que par l'action. Autrement dit, mis à part toi, ils ne devinrent pas ethnographes.

M. L. — En vérité, ce n'était pas tellement l'exotisme qui était en jeu. C'était plutôt la haine des modes de penser et façons d'être qui ont cours chez nous. Il faut bien remarquer qu'il y a un aspect tout à fait parisien dans le surréalisme. Par exemple *le Paysan de Paris* d'Aragon, qui, je crois, reste un des grands livres du surréalisme, répond à une sorte de volonté de trouver un merveilleux, des éléments mythiques, dans la vie parisienne, sur

9. Cf. René Leibowitz, *L'Artiste et sa conscience*, Paris, Gallimard, 1950.

les Grands Boulevards, avec le passage de l'Opéra par exemple [10]. Et *Nadja* [11], un peu plus tard, c'est ça aussi. *Nadja*, c'est en somme un merveilleux exclusivement parisien. Si vous voulez, le surréalisme a été essentiellement une valorisation de l'irrationnel, que ça se passe ailleurs ou que ça se passe ici, peu importe ! Tu n'as pas tort de me dire que je suis le seul surréaliste à être devenu ethnographe. C'est entendu, je crois bien être le seul à être devenu ethnographe de profession, mais par exemple, il y a Benjamin Péret dont a été publié, au Mexique je crois, un recueil de mythes indiens [12]. Il y a quelqu'un de plus jeune, Vincent Bounoure, qui est devenu un spécialiste de l'art océanien, etc.

J. J. — Ce ne sont pas des ethnographes professionnels !

M. L. — Non, le fait est.

S. P. — Mais vous ne faites pas cette distinction aussi nettement, peut-être ?

M. L. — C'est probablement moi qui suis allé le plus loin dans ce sens là. Mais on ne peut pas dire que j'ai été absolument le seul. Et même Breton. Je tiens de Marguerite Bonnet, qui dirige le Breton à paraître dans « La Pléiade », qu'elle a retrouvé des notes de Breton prises chez les Hopi.

J. J. — Dans les déclarations et manifestes surréalistes, tu te rappelles sans doute ce tract diffusé en 1931 et intitulé « Lisez - Ne

10. Cf. Aragon, *Le Paysan de Paris*, Paris, Gallimard, 1953 (1926).
11. Cf. André Breton, *Nadja*, Paris, Gallimard, 1964.
12. Il s'agit en fait d'un ouvrage posthume de Benjamin Péret : *Anthologie des mythes, légendes et contes populaires d'Amérique*, Paris, Albin Michel, 1960. L'introduction, publiée par les soins de Breton à New York en 1943 [La parole est à Péret], fut écrite en 1941 au Mexique.

lisez pas[13] *». Or, parmi les livres à ne pas lire, les signataires surréalistes citent* la Mentalité primitive *de Lévy-Bruhl ainsi d'ailleurs que Durkheim !*

M. L. — Oui. Lévy-Bruhl a été un révélateur pour moi, mais pas pour les surréalistes. Je crois que pour eux, et pour Breton en particulier, Durkheim et Lévy-Bruhl devaient faire académiques.

S. P. — Passons à une autre branche du surréalisme. Que pouvez-vous nous dire de votre amitié avec Aimé Césaire ? Quand et comment l'avez-vous connu ?

M. L. — C'est relativement tardif. Mon amitié très vite étroite avec Césaire date de 1945 ou 1946, peut-être même de 1947. J'avais fait sa connaissance par Pierre Loeb, le marchand de tableaux. Je devais le connaître depuis à peu près un an quand j'ai fait mon premier voyage aux Antilles, à l'occasion du Centenaire de la Révolution de 1848.

S. P. — A-t-il influencé votre décision de voyager aux Antilles ?

M. L. — Bien sûr. C'est grâce à lui que j'ai fait mon premier voyage aux Antilles. Il y a une chose qui est, pour ce qui me concerne, digne de remarque, c'est que, de même que j'aimais dans le jazz le mélange, le côté « métis » du jazz — qui s'est formé à partir de racines africaines et grâce à des apports de la civilisation occidentale —, de même j'ai aimé les Antilles à cause du « clash » culturel qui s'y est produit.

S. P. — Ce qui me frappe chez Césaire, c'est qu'en dépit du caractère fortement antillais de son expression, il n'a jamais écrit, que je sache, en créole.

---

13. Cf. José Pierre (éd.), *Tracts surréalistes et déclarations collectives (1922/1969)*, Tome 1 (1922/1939), Paris, Eric Losfeld, 1980. Le tract « Lisez / Ne lisez pas » a été diffusé en 1931.

M. L. — Il trouvait inopportun d'écrire en créole. Comme il avait un message à transmettre, un message de négritude et pro-antillais, il lui fallait faire cela dans une langue assez répandue. Ce n'était pas possible de faire ça dans une langue quasi folklorique comme est le créole.

S. P. — Et pourtant, en 1950 vous avez dit que c'était très important, dans l'éducation martiniquaise, que la langue créole soit enseignée.

M. L. — Bien sûr. Il ne faut pas tirer les gens de leur langue maternelle. Mais un écrivain qui pense qu'il a un message à transmettre, il est de bonne guerre qu'il le transmette dans une langue plus écoutée que sa langue maternelle.

S. P. — Comment voyez-vous le rapport entre le surréalisme et la négritude ?

M. L. — La négritude, pour Césaire, c'est essentiellement la situation de ceux qui étaient considérés comme des nègres par le milieu dans lequel ils vivaient. Le mot et l'idée ont été lancés par lui, par Senghor et par Damas pendant qu'ils étaient tous les trois étudiants. Il fallait alors démontrer aux étudiants de couleur qui travaillaient ici, qu'ils avaient une chose en commun qui était leur négritude, c'est-à-dire qu'ils étaient tous traités en nègres par les autres étudiants qui, eux, étaient blancs. Evidemment, ce qu'on peut dire est que, dans les milieux noirs, le rationalisme n'était pas prisé comme nous le prisons, ou plutôt comme nous y prétendons.

S. P. — Une autre question concernant le surréalisme aux Antilles : pour les Américains, le surréalisme représente plutôt un mouvement particulièrement français et même, comme vous avez dit, très parisien…

M. L. — C'est exact.

S. P. —... mais par rapport à d'autres rébellions, le surréalisme était une idéologie tout à fait civilisée dans le sens occidental du mot. Il me semble que les Antillais, comme Césaire, qui ont adopté cette position surréaliste, faisaient non seulement une déclaration de rébellion comme leurs collègues parisiens mais aussi et en même temps témoignaient de leur érudition classique et affirmaient par là leur maîtrise des valeurs françaises.

M. L. — Oui, on pourrait voir les choses comme ça. Pendant longtemps les écrivains des Antilles françaises ont été sous l'influence du Parnasse et plus tard les voilà sous l'influence du surréalisme, c'est-à-dire qu'ils ont pris du dehors dans les deux cas. Or Césaire n'a pas seulement reçu, il a considérablement apporté et lui comme ses amis de la revue *Tropiques* ils ne pouvaient que sympathiser avec le surréalisme ennemi d'un type de culture qui, pour eux, était avant tout le système qu'une métropole pédagogue voulait leur imposer. Quand il était étudiant, Césaire avait d'abord lancé, je vous l'ai dit, avec Senghor et Damas, la notion de négritude et quelques années après, au début de la dernière guerre, il a été traité en compagnon de route par Breton, rencontré à Fort-de-France. En se faisant l'une des grandes voix surréalistes, Césaire s'est peut-être montré maître de certaines valeurs françaises, mais on ne doit pas oublier que ces valeurs très hétérodoxes et même révolutionnaires n'avaient rien à voir avec la France des discours officiels.

J. J. — N'y avait-il pas au fond quelque chose d'inconvenant dans ce regard que les surréalistes ont porté sur d'autres civilisations jugées plus irrationnelles que la nôtre ou qu'on jugeait tout à fait irrationnelles, n'était-ce pas une façon de les rabaisser plutôt qu'une manière de les valoriser ?

M. L. — Je faisais allusion tout à l'heure au compte rendu que j'avais fait du film de King Vidor. Je m'aperçois maintenant qu'il était raciste, étant donné que je me contentais de prendre en bien tous les stéréotypes qui avaient cours sur les Noirs : la sexualité déchaînée, la prédisposition à la transe, etc.

J. J. — On peut aussi voir les choses autrement et penser qu'en valorisant cet irrationnel dont tu nous as parlé, on lui accordait quelque chose de positif, ce qui n'avait justement jamais été fait. Il prenait autant de valeur que notre rationalisme ou notre prétendu rationalisme.

M. L. — C'était, bien entendu, le point de vue surréaliste qui faisait de cet irrationnel quelque chose de plus valable, de plus humain.

J. J. — N'empêche que, là aussi, on substituait au culte du rationalisme une sorte de culte mettons de l'irrationnel. Mais revenons à l'ethnologie. On peut considérer qu'à ses débuts du moins institutionnels, et par le fait même qu'elle mettait en valeur les sociétés alors dites inférieures, donc vues comme irrationnelles, elle contribuait de la même façon que le surréalisme à saper le rationalisme. Et pourtant, ne se voulait-elle pas une science et, par conséquent, ne devait-elle pas se colleter avec le rationalisme ?

M. L. — Oui, mais une science de l'irrationnel. J'ai même pensé longtemps que les Occidentaux pouvaient tirer leçon de ce qui se passait dans certaines sociétés non occidentales, que ces dernières donc pouvaient avoir une influence positive.

J. J. — Une leçon dans quel sens ?

M. L. — Disons que tel mode de vie est plus juste que tel autre. C'est après, et après pas mal de réflexions, que j'en suis arrivé à ce qu'on appelle le relativisme culturel. Mais au départ, je croyais véritablement que les civilisations dites primitives étaient supérieures aux nôtres. C'était une espèce de racisme retourné. Si vous voulez, j'ai mis assez longtemps à m'apercevoir que dans ces mirifiques sociétés qu'étudient les ethnographes, il peut y avoir des imbéciles et des salauds tout comme dans nos sociétés.

S. P. — Edmund Leach a dit récemment que le problème central pour nous ethnologues du XXe siècle « n'est pas une question d'approche de l'ethnologie, comme science ou comme poésie, mais plutôt de nous convaincre nous-mêmes et les autres, qui ne sont pas ethnologues, que tous les hommes et toutes les femmes du passé, du présent et de l'avenir sont identiques et que la distinction entre sauvages et civilisés sur laquelle toute l'ethnologie est fondée doit être jetée à la poubelle. » Pourtant, quand vous dites que vous étiez très séduit pas les sociétés métisses, j'entends un peu une distinction que vous feriez entre civilisés et primitifs, une vue de ces sociétés comme à mi-chemin entre deux choses.

M. L — Pas exactement à mi-chemin, mais plutôt embrassant deux choses, étant la conjugaison de deux choses.

S. P. — Qu'est-ce que vous voyez d'européen aux Antilles et qu'est-ce que vous y voyez d'africain ?

M. L — Ecoutez, ce que je vois de l'Europe aux Antilles — je parle des Antilles françaises — c'est tout simple. J'ai entendu souvent des écolières qui chantaient une petite chanson que j'avais chantée moi-même étant gosse. Et puis, vous connaissez Fort-de-France et d'autres villes, eh bien ça fait très villes de province française. De plus, la langue créole, à syntaxe négro-africaine et vocabulaire issu essentiellement du français, est l'expression frappante du *clash* qui s'est produit. Quant au côté, disons, « primitif », on l'observe du moins dans les classes populaires où l'illustrent, par exemple, le recours fréquent à la magie et la forte inclination pour la danse et la musique.

J. J. — C'est plutôt qu'une distinction sauvages-civilisés, une rencontre de deux cultures. Le surprenant est que cela ait donné non pas un phénomène de fusion qui aurait fait disparaître les caractéristiques de ces deux cultures mais des constructions pour ainsi dire feuilletées où l'apport et les valeurs de chacune restent au fond identifiables. Si l'on reprend l'exemple du jazz, la démonstration se fait presque par l'absurde puisque si ses origines africaines sont dominantes, fût-ce au niveau rythmique, il a été surtout reconnu, apprécié et évalué dans la civilisation occidentale. Il y a cette étonnante anecdote que rapporte Schaeffner[14] *: en 1931, lors de la mission Dakar-Djibouti, dont tu faisais partie, Schaeffner remarqua que le « boy » de la mission s'intéressait peu ou pas du tout aux morceaux de jazz que Schaeffner jouait sur le phonographe de la mission, mais, par contre, s'était mis à siffloter le* Boléro *de Ravel que Schaeffner aimait aussi jouer sur le phono. Schaeffner avait été surpris et, pour tout dire, profondément déçu, lui qui avait écrit l'un des tout premiers livres qui mettait en évidence les racines africaines du jazz*[15].

M. L. — Je ferai peut-être remarquer que le *Boléro* de Ravel est avant tout une danse avec un rythme très fortement marqué.

S. P. — On a beaucoup écrit ces dernières années sur ce que l'ethnographie voulait ou pouvait dire pour les artistes, Picasso par exemple, d'autres aussi...

M. L. — Picasso ne s'est jamais soucié d'ethnograhie ! Bon, il appréciait certains des objets africains mais c'était une appréciation purement esthétique. Il ne s'occupait absolument pas de ce que ça pouvait signifier.

---

14. *In* Jean Jamin, « André Schaeffner (1895-1980) », *Objets et Mondes*, 1981 (20. 3), pp. 131. 135.

15. Cf. André Schaeffner [et André Coeuroy], *Le Jazz*, Paris, Editions Claude Aveline, 1926. [Réédition chez Jean-Michel Place, Paris 1988, avec une préface de Frank Ténot et des postfaces de Lucien Malson et de Jacques B. Hess].

S. P. — Avez-vous entendu parler de l'exposition qui a été montée l'année dernière au musée d'Art moderne de New York sur les liens entre l'art primitif et l'art moderne.

M. L. — Oui, exposition qu'avait réalisée William Rubin. Rubin était venu au musée de l'Homme plusieurs fois à ce sujet et, avec quelques camarades, on l'avait beaucoup mis en garde contre des rapprochements un peu rapides. Et je crois qu'il a fait finalement ces rapprochements, malgré notre mise en garde.

S. P. — En 1929, vous avez écrit dans « Civilisation [16] », que le modernisme qu'on voit dans l'Art nègre est une pure coincidence. Depuis, beaucoup de gens se sont penchés sur cette question. Pensez-vous que notre compréhension de ce phénomène s'en est trouvée améliorée ?

M. L. — Je crois que, depuis les travaux de Jean Laude [17], la question est au point, c'est-à-dire qu'il ne faut pas surestimer cette influence. Je n'ai pas de réponse personnelle à vous donner, c'est Laude qui s'est essentiellement attaché à cette question dont il a extrêmement bien parlé. On trouvera certes des exemples d'influences de l'art africain sur l'art occidental du début du siècle — disons qu'on trouvera quelques exemples... Je sais qu'il y a beaucoup d'intellectuels africains ou antillais — j'en ai connu — qui s'imaginaient que sans l'art africain il n'y aurait jamais eu le cubisme. C'est complètement faux. Le cubisme est essentiellement dérivé de Cézanne. D'ailleurs, Picasso aurait pu faire ce qu'il a fait sans « l'art nègre » et, si l'on tient à ce genre de rapprochements, il faudrait aussi parler de l'art ibérique qui l'a pas mal influencé (il ne s'en est jamais caché).

J. J. — Pour en venir à cette question de l'art, et d'une certaine manière aux rapports entre le surréalisme et l'ethnographie, tu as

16. Cf. Michel Leiris, « Civilisation », *Documents*, 1929 (4), pp. 221-222.
17. Cf. Jean Laude, *La Peinture française et l'Art nègre*, Paris, Klincksiek, 1968.

été un des premiers à décloisonner, si j'ose dire, l'art dit autochtone, dit primitif, à découvrir ce qu'il pouvait y avoir en lui d'universel. Je pense en particulier à ce que tu as écrit sur Wifredo Lam.

M. L. — Oui, mais là je dois faire mon autocritique. J'ai écrit un livre sur Lam, inédit en français mais qui a paru à Milan [18] ; j'y parle de lui en insistant sur sa double origine (père chinois établi à Cuba et marié avec une mulâtresse), sur l'influence réelle — mais comme si Lam avait été uniquement fait d'influences reçues — de son milieu natal et notamment de sa marraine qui exerçait la profession de « sorcière », ce dont il était très fier d'ailleurs. Je parle de ce peintre en termes ethnographiques ; au fond, je n'en parle pas comme je parlerais d'un autre artiste où pour celui-ci je me ficherais pas mal qu'il soit d'origine bretonne ou basque ou je ne sais quoi d'autre.

J. J. — En somme, tu n'as pas parlé de Lam comme tu as parlé de Bacon.

M. L. — En effet. De Bacon je ne me suis jamais amusé à dire qu'il était né en Irlande d'un père anglais, éleveur de chevaux de course. Ce qui m'intéresse chez Bacon, c'est qu'il rend en peinture ce que mon ami David Sylvester appelle, d'après une expression de Bacon parlant de Picasso, *the brutality of fact*, la brutalité du fait.

J. J. — Cela n'est guère surréaliste !

M. L. — En effet. Le surréalisme est resté tout de même, en raison de l'influence freudienne et d'autres influences, très symboliste, donc idéaliste.

18. Cf. Michel Leiris, *Wifredo Lam*, Milan, Fratelli Fabri, 1970.

S. P. — En 1950, dans « L'ethnographe devant le colonialisme »[19]*, vous avez écrit : « S'il y a un intérêt certain à ce que l'instruction se répande chez ces peuples, ce n'est pas pour qu'à leurs systèmes d'idées se substituent les nôtres, mais afin que ces peuples soient outillés intellectuellement comme nous le sommes, en état par conséquent de prendre en main leur destin. » A l'heure actuelle, quelque quarante ans plus tard, la Martinique et la Guadeloupe sont toujours sous domination française tandis que la grande partie des îles voisines ont pris en main leur destin. Pensez-vous que le colonialisme aux Antilles, dans sa version française, a moins volontiers accepté d'effectuer ce transfert de responsabilité que les autres pays ? Autrement dit, est-ce que la France a, si j'ose dire, mieux « réussi » que les autres pays colonisateurs à imposer son propre système d'idées et de valeurs ?*

M. L. — La France a fait comme elle a toujours fait, comme a toujours fait le colonialisme français qui était justement, à l'inverse du colonialisme britannique où il y avait tout de même un respect des idées locales, un colonialisme assimilationiste, « nos ancêtres les gaulois ! », le système métrique, etc. Quant à dire que c'est une réussite, je ne le pense pas du tout.

S. P. — D'un certain point de vue, on pourrait voir la Martinique comme la plus « européanisée » de toutes les îles antillaises !

M. L — Cela tient précisément à la doctrine coloniale française en général, qui est plus assimilationiste qu'associative.

S. P. — Et pourtant, ce n'est pas tout à fait le cas dans les anciennes colonies françaises d'Afrique.

---

19. Cf. Michel Leiris, « L'ethnographe devant le colonialisme », *Les Temps modernes*, 1950 (58), repris dans *Brisées*, Paris, Gallimard, 1992, pp.125-145. L'article reproduit un exposé remanié fait à Paris le 7 mars 1950 devant l'Association des travailleurs scientifiques (section des sciences humaines).

M. L — Une différence énorme entre les Antilles françaises et l'Afrique est que, dans les Antilles, il n'y a pas d'autochtones. Les populations sont uniquement immigrantes, soit « à la tête », les cadets de famille et autres, soit les Noirs qu'on amenait par la traite. Mais les autochtones qui étaient les Caraïbes ont totalement disparu. En Afrique, par contre, les Européens se sont superposés à des groupes autochtones. Aux Antilles, où personne n'était chez soi, la politique assimilationiste de la France avait plus de chance de succès dans ce qu'elle était qu'elle n'en avait en Afrique.

S. P. — Une des choses que nous pourrions envisager à présent pourrait être l'évolution du musée de l'Homme dans ses différents états. Vous m'avez dit une fois que dans les années trente il y avait une sorte de sentiment partagé qu'il fallait prouver que l'ethnologie était une science.

M. L. — Ethnographes, nous devions nous défendre contre l'accusation d'être des littéraires. L'ethnologie est malheureusement devenue jargonnante, parce que c'est en jargonnant qu'on s'affirme scientifique.

S. P. — Mais quand a eu lieu ce changement ? A-t-il été brusque ?

M. L. — Cela n'a pas été brusque, mais ça s'est manifesté avec l'installation très austère, qui dure encore, du musée de l'Homme en 1937. C'était l'idée de Rivière de renoncer aux vitrines de bois et d'adopter des vitrines métalliques pour que ça fasse plus sobre, plus rigoureux, plus rigide, disons. Et puis aussi l'anti-esthétisme de Rivière et de son entourage à cette époque. On ne voulait plus entendre parler d'« art nègre », c'était devenu trop à la mode. L'ethnographie ne pouvait d'ailleurs pas se réduire à ce qu'on appelait « art nègre » ou à l'étude des arts exotiques.

S. P. — Vous étiez déjà au musée de l'Homme à cette époque-là ?

M. L. — Oui, j'y ai été dès le début. Et je partageais ces idées, je ne le cache pas. Mais à ce moment-là c'était un état d'esprit assez normal parce qu'il était en réaction contre le côté terriblement esthète que revêtait le regard jeté sur ces civilisations. Nous étions à la fois contre les explorateurs qui voulaient à tout prix romantiser, héroïciser le rapport avec les peuples étudiés et contre la vue esthète de certaines productions de ces peuples.

J. J. — De cette réaction contre l'esthétisme, vient peut-être aussi cette rigidité des textes ethnographiques, ce formalisme des monographies dont la lecture, du moins en France, est souvent fastidieuse. Je pense qu'il ne s'agit pas seulement d'un problème d'écriture, certaines peuvent être très bien écrites...

M. L. — Oui, c'est plutôt une question d'angle de vue !

J. J. —... d'angle de vue, en effet, et pas seulement d'écriture. J'ai l'impression que dans l'anthropologie anglo-saxonne, en particulier anglaise où pourtant les rapports avec le monde des arts et des lettres ont été moins affirmés qu'en France, les monographies sont moins rigides et donc moins ennuyeuses. J'ai notamment à l'esprit des ouvrages d'Evans-Pritchard et de Malinowski où l'expression scientifique la plus aiguë n'exclut pas une dimension poétique et, parfois, épique.

M. L. — Il me semble que chez les Anglais, sans très bien connaître l'ethnologie anglaise, il y a eu plus de contacts avec l'objet d'étude. Chez les Français, il y a peut-être le légendaire esprit cartésien qui a joué. C'est même probable.

J. J. — Revenons un instant aux fondateurs du musée de l'Homme, Rivet et Rivière, — Rivière tout d'abord de qui tu as été un des grands et des plus fidèles amis. Comment l'as-tu connu [20] *?*

20. Recruté par Paul Rivet en 1929 comme sous-directeur du musée d'ethnographie du Trocadéro, Georges Henri Rivière (1897-1985) a été le principal concepteur du futur musée de l'Homme, et, en 1937, le fondateur et premier conservateur du musée des Arts et Traditions populaires.

M. L. — Ce devait être en 1921, chez une quasi-cousine à moi qui était la femme du musicien Roland-Manuel. Quand ils ont vu que je m'intéressais à l'art moderne, ils m'ont invité chez eux où, chaque lundi, ils recevaient des gens — c'est là que j'ai connu Max Jacob, j'avais rencontré Ravel aussi. Un beau soir, il y a un nommé Georges Rivière, qui ne s'appelait pas encore Georges Henri, qui s'est pointé avec deux acolytes et puis on l'a immédiatement mis au piano où il s'est mis à jouer des airs plus ou moins jazz avec beaucoup de brio. On s'est perdu de vue et je ne l'ai retrouvé qu'à *Documents.*

J. J. — Mais n'est-ce pas lui qui a fait ta carrière d'ethnographe ?

M. L. — Ma carrière ethnographique ? Il n'y a aucun doute ! Ce que je dois, par contre, à Griaule, c'est d'avoir fait mon premier très grand voyage et d'avoir été formé comme ethnographe de terrain ; mais c'est par Rivière que j'ai connu Rivet et c'est par Rivière que j'ai eu pendant un certain temps une mensualité de D. David-Weil [21] pour me doubler mes émoluments qui étaient très minces. J'ai tout de suite été conquis par Rivière : avec son allure désinvolte et ses yeux de bête extraordinairement intelligente, il me faisait penser à Dolmancé, le meneur de jeu de *la Philosophie dans le boudoir...*

J. J. — Et Rivet [22] ?

M. L. — C'était un homme bouillant et difficile, avec des qualités évidentes d'homme d'action. En gros, il a eu des positions

21. Collectionneur et bienfaiteur du musée d'ethnographie du Trocadéro, de qui Georges Henri Rivière fut le secrétaire et le conseiller avant d'être recruté comme sous-directeur au musée d'ethnographie du Trocadéro.

22. Paul Rivet (1876-1958) a été élu, en 1928, professeur à la chaire d'anthropologie du Muséum national d'Histoire naturelle, qu'il rebaptisa en 1929 « chaire d'ethnologie des hommes actuels et des hommes fossiles » et sous la tutelle de laquelle il plaça le musée d'ethnographie du Trocadéro. Fondateur du musée de l'Homme en 1937, Paul Rivet fut aussi, au moment du Front populaire, député socialiste et conseiller général de la Seine.

politiques excellentes (en 1934 il était en pointe avec Langevin dans la lutte antifasciste [23] ; dans son enseignement il a toujours été catégoriquement antiraciste). J'ai suivi ses cours quand je préparais l'Institut d'ethnologie ; c'était des cours admirablement faits, d'une extrême clarté (il n'y avait qu'à les prendre quasiment sous dictée) mais à côté de ceux de Mauss, ce n'était rien. Je dois avouer d'ailleurs que je n'avais pas grand goût pour l'anthropologie physique... Le défaut de Rivet, son travers, c'est qu'il était un homme trop imbu de sa personne. Mais il avait tout de même fait un musée de l'Homme franchement anti-raciste et populaire. Il a été activement antinazi et, plus tard, il s'est montré grand partisan de la paix avec le Viêt-nam.

J. J. — Dans l'ethnologie de l'époque, qui était une discipline nouvelle, il me semble qu'il y avait une idéologie, plus justement une éthique qui passait. Autrement dit, cette nouvelle science ne se fondait-elle pas autant sur une morale de la conviction que sur une morale de la responsabilité ?

M. L. — Sans aucun doute. C'était beaucoup plus marqué chez lui — et c'est ça le très grand bien qu'on peut dire de Rivet — que chez Mauss.

J. J. — En 1929, Georges Bataille fut sinon le fondateur du moins le principal animateur de Documents [24]*, cette revue presque légendaire par son côté mélangé, qui a joué un rôle important dans la fondation de l'ethnologie en France et qui, sous la houlette de Bataille, a associé des membres de l'Institut ou des professeurs d'université avec des peintres, des poètes, ou des anciens surréalistes*

23. Il s'agit du Comité de vigilance des intellectuels antifascistes, fondé en 1934 par le philosophe Alain, le physicien Paul Langevin et Paul Rivet.

24. Cf. Michel Leiris, « De Bataille l'Impossible à l'impossible Documents » In *Brisées*, Paris, Mercure de France, 1966, pp. 256-266. Fondée en 1929 et financée par Georges Wildenstein, la revue *Documents* (sous-titrée : Doctrines, Archéologie, Beaux-Arts, Ethnographie) fut dirigée par Georges Bataille pendant les deux années de sa parution.

dont tu étais [25]*... Comment as-tu rencontré Bataille* [26]*, autre homme qui— comme tu me l'as dit à maintes reprises— a exercé une influence sur toi et à qui Rivière était également lié ?*

M. L. — C'est par un de ses collègues de la Bibliothèque nationale plus âgé, qui était quelqu'un de remarquable et s'appelait Jacques Lavaud — il avait fait une thèse sur le poète Desportes et a fini sa carrière comme doyen de la Faculté des Lettres de Poitiers. Cela devait être très peu de temps après avoir rencontré Masson. Je me rappelle nettement le Bataille de cette époque : un jeune homme romantique à mise soignée que je voyais aussi prêt à s'en aller se perdre dans les étoiles qu'à se rouler dans le purin.

J. J. — Qui vous a conduits à l'aventure de Documents ?

M. L. —Je crois que c'est Rivière qui avait eu l'idée de *Documents* et qui a dû penser que Bataille en serait un très bon secrétaire général. Il y avait eu d'abord l'exposition précolombienne au pavillon de Marsan [27] dont Rivet, assisté de Rivière, s'était occupé. Métraux, américaniste, avait été amené à s'occuper de cette exposition et, en tout cas, du catalogue ou autre publication de circonstance, et c'est lui qui a eu l'idée qu'on fasse appel à son ex-copain de l'Ecole des chartes, Bataille, pour un article sur les Aztèques [28]. J'ai rencontré Métraux en 1934, au retour de la

25. Cf. James Clifford, « On Ethnographic Surrealism », *Comparative Studies In Society and History*, 1981 (23), pp. 539-564 et Jean Jamin, « L'ethnographie mode d'inemploi. De quelques rapports de l'ethnologie avec le malaise dans la civilisation », In J. Hainard et R. Kaehr (éds), *Le Mal et la douleur*, Neuchâtel, musée d'ethnographie, 1986, pp. 45-79.
26. Georges Bataille (1897-1962) fut souvent critique à l'égard des surréalistes, et même hostile. Principal animateur de la revue *Documents*, Bataille fonda aussi et dirigea la revue *Critique*.
27. Il s'agit de l'exposition *les Arts anciens de l'Amérique*, organisée en 1928 au musée des Arts décoratifs (pavillon de Marsan).
28. Cf. Georges Bataille, « L'Amérique disparue », *Les Cahiers de la République, des sciences et des arts*, 1928 (XI) ; repris dans Georges Bataille, *Œuvres complètes*, T. 1, Paris. Gallimard, 1970 pp. 152-158.

mission Dakar-Djibouti. Jusqu'à ce moment, j'avais eu avec lui une relation essentiellement épistolaire. On faisait le service de *Documents* à Métraux mais, alors professeur à Tucuman, il ne le recevait jamais. Il y avait des lettres fulminantes de lui pour se plaindre de ne pas encore avoir reçu *Documents* et moi, sans le connaître, je lui envoyais des mots d'apaisement.

J. J. — En 1929, au moment où Documents *est fondé, il y a, prévu comme secrétaire de rédaction, Marcel Griaule ?*

M. L. — Exactement, à son retour d'Abyssinie.

J. J. — Mais tu as toi-même assuré ce secrétariat de rédaction ?

M. L. — Entre Limbour et Griaule. Limbour avait été là au départ mais il n'en avait pas fichu une rame et il avait été licencié par Wildenstein. J'ai donc pris la succession, étant entendu que je céderais la place à Griaule quand il reviendrait. J'avais travaillé beaucoup mieux que Limbour et, alors, Wildenstein m'a gardé dans ses affaires et m'a affecté, comme secrétaire de rédaction, à une autre revue qui s'appelait *Beaux-Arts*. Mais je n'ai jamais collaboré à *Beaux-Arts*, je n'ai jamais collaboré qu'à *Documents*.

S. P. — Vous avez décrit Métraux comme un poète, non pas parce qu'il a écrit des poèmes…

M. L. —… parce qu'il vivait la poésie, oui !

S. P. —… mais parce qu'il était capable de dépasser la simple description scientifique pour atteindre la poésie.

M. L. — Pour moi, beaucoup d'écrits de Métraux ont une valeur à cet égard. Lui-même faisait personnage poétique. Cet homme — sa fin l'a prouvé d'ailleurs — complètement inadapté à la vie actuelle et qui roulait sa bosse partout sans jamais arriver à être satisfait, c'était franchement poétique.

S. P. — Est-ce qu'il a influencé votre vision de la transse ?

M. L — Non, je ne peux pas dire... Si, peut-être, il y a une chose. Métraux m'a tout de même précédé dans la vue théâtrale de la transe. C'est peut-être même dans son livre *le Vaudou haïtien* [29] qu'il emploie le terme de « comédie rituelle » qui est une excellente expression [30].

J. J. — Schaeffner, au sujet de funérailles dogon auxquelles il avait assisté en 1931, n'avait-il déjà pas utilisé un terme proche en les qualifiant de manière « d'opéras funèbres » ?

M. L. — Non. « Opéra funèbre », c'est de moi ! Lui avait dit simplement, après avoir assisté à cette grandiose cérémonie funèbre, « c'est des gens qui ont le sens de l'opéra ». Mais c'est à propos de tauromachie que je parle « d'opéra funèbre », c'est dans un de mes poèmes sur la tauromachie [31].

S. P. — Depuis l'année dernière, quand je suis arrivée en France, j'ai entendu plusieurs ethnologues français dire que c'était en lisant l'Afrique fantôme — *que c'était sa qualité littéraire — qui avait pour une part décidé de leur vocation et qui avait été une source d'inspiration ethnologique. Pourquoi d'après vous ?*

M. L. — Je ferai remarquer que — et j'en ai parlé souvent avec Jean Jamin — sur le champ, quand je rédigeais ces notes quotidiennes qui constituent la matière de *l'Afrique fantôme*, je

29. Cf. Alfred Métraux, *Le Vaudou haïtien*, Paris, Gallimard, 1958.
30. Expression que Métraux avait déjà utilisée dans son article « La Comédie rituelle dans la possession », *Diogène*, 1955 (11) : 26-49.
31. Cf. Michel Leiris, « Abanico para los toros » in *Haut Mal*, Paris, Gallimard, 1943 pp. « Final ».

ne pensais pas du tout faire de l'ethnographie. C'était en marge, vraiment en marge de mon travail ethnographique.

J. J. — Tu m'as dit pourtant que le carnet de route...

M. L. —... Oui, j'ai dit et même écrit, je crois, que le carnet de route était préconisé par Mauss, c'est entendu. Mais pour moi, c'était plutôt une couverture...

J. J. — Tu as commencé à suivre les cours de Mauss au retour de la mission Dakar-Djibouti, soit en 1933...

M. L. — J'en avais suivi quelques-uns avant, mais ce n'est en effet qu'au retour que je les ai suivis assidûment.

J. J. — Qu'est-ce qui t'avait conduit à suivre les cours de Mauss ?

M. L. — C'est la lecture de Lévy-Bruhl, enfin la lecture de seconde main de Lévy-Bruhl, je dois avouer. J'avais lu un petit livre qui était un résumé de *la Mentalité primitive* par un universitaire (me semble-t-il) nommé Blondel [32], et ce petit livre m'avait littéralement enchanté, toujours avec l'idée surréaliste qu'il y avait autre chose, des modes de pensée différents du rationalisme occidental.

S. P. — Quels étaient vos rapports avec Mauss ?

M. L. — Des rapports de maître à élève. J'étais un élève respectueux de Mauss.

J. J. — La Langue secrète [33] *n'a pas été faite sous sa direction ?*

32. Charles Blondel, *la Mentalité primitive*, Paris. Ed. Stock, 1926.
33. *La Langue secrète des Dogons de Sanga* (Paris, Institut d'ethnologie 1948 ; rééd. J.-M. Place 1992) fut, à l'origine, un mémoire de diplôme de l'Ecole pratique des hautes études, obtenu par Michel Leiris en 1938 sur rapport de Louis Massignon.

M. L. — Non. A l'Ecole Pratique des Hautes Études, je crois que nous n'avions pas de directeur comme pour une thèse de IIIe cycle, mais des examinateurs. C'est Louis Massignon qui avait été mon examinateur et qui, d'ailleurs, m'avait fait de fortes critiques sur la première version. Au lieu de procéder selon la méthode cartésienne, chère à l'Université et que lui, d'ailleurs, déclarait avoir en horreur — mais enfin c'était ça l'officialité ! —, il m'avait dit que je procédais par « explosions successives de pensées ». J'avais tout à refaire. Mais je suis sorti de cet entretien ravi, parce qu'il était un personnage manifestement hors du commun et qu'il m'avait ébloui avec des formules comme celle-là… ! J'avais été enchanté alors qu'il m'avait complètement démoli, tellement démoli que j'ai mis finalement dix ans pour faire *la Langue secrète…*

J. J. — Si, par exemple, on devait te poser cette question que soulevait tout à l'heure Sally Price en évoquant ces carrières d'ethnographes qui ont été déclenchées par la lecture de l'Afrique fantôme, *quel aurait été pour toi le livre ou l'auteur disons déclencheur ?*

M. L — Peut-être Rimbaud.

J. J. — Rimbaud, plutôt que Roussel ?

M. L. — Ah oui ! Rimbaud était d'ailleurs allé « sur le terrain », et comment ! Je connaissais Rimbaud par les poèmes essentiellement mais je savais comme tout un chacun qu'il avait envoyé tout promener pour s'en aller en Ethiopie. C'était un poète qui avait lâché le milieu littéraire parisien pour s'en aller au diable, vivant en aventurier.

J. J. — C'est toi qui m'as fait remarquer un jour que Rimbaud avait vraisemblablement lâché la poésie parce qu'il s'était rendu compte que ça ne marchait pas, que ça restait fiction. Autant dire que chez Rimbaud il y avait au départ une conception réaliste et même, si j'ose dire, positiviste de la poésie...

M. L. — En un certain sens, Rimbaud c'est très réaliste mais un réalisme d'halluciné (l'hallucination d'ailleurs est réaliste puisqu'on croit que c'est la vérité, voir un salon au fond d'un lac est à prendre au pied de la lettre). Mais il a vu que ça n'était pas ça et il a eu l'honnêteté vis-à-vis de lui-même de tout foutre en l'air. J'avais aussi lu Conrad, certainement *Une victoire* ; j'avais dû lire *Lord Jim* et me passionner, dès cette époque, pour ce héros qui, par volonté d'expiation, passe de l'autre côté et devient une espèce de chef de tribu. Et puis, il y a également le livre de Fletcher [34].

J. J. — C'est Prévert qui t'avait fait lire Fletcher ?

M. L. — C'est Prévert en effet.

J. J. — En quelle année ? N'était-ce pas à l'époque de la rue du Château [35] ?

M. L. — Cela doit se situer vers 1928 -1929, peut-être même juste avant la mission Dakar-Djibouti.

34. Cf. Robert James Fletcher, *Iles-Paradis, Iles d'illusion*, Paris, Le Sycomore, 1979, préface de Jean Jamin et traduction française par Nicole Tisserand de : *Asterisk, Isles of Illusion*, Londres, Constable & Co, 1923. Cet ouvrage a été récemment réédité en Grande-Bretagne sous le même titre et avec le même pseudonyme précédé d'une mise au point biographique de Gavin Young, Londres, Century Hutchinson, 1986. Cf. aussi Jacques Prévert et André Pozner, *Hebdromadaires* ,Paris, Gallimard, 1982, pp. 116, où Fletcher-Asterisk est nommé Bohun Lynch (du nom du premier éditeur des lettres).

35. Allusion au groupe dit de la rue du Château (XIVe arrondissement) où, dans une vieille maison, Marcel Duhamel hébergeait notamment ses amis, le poète Jacques Prévert et le peintre Yves Tanguy. Benjamin Péret et Raymond Queneau y firent également de longs séjours. Dans ses *Entretiens* (*op. cit.* 1969, p. 146), Breton écrit : « Là fut le véritable alambic de l'humour, au sens surréaliste. »

J. J. — Pourrais-tu nous dire un mot sur ces deux versants du surréalisme, la rue du Château et la rue Fontaine, en somme Prévert et Breton ?

M. L. — On ne peut pas dire qu'il y avait deux versants. La bande Prévert (Prévert, Tanguy, Duhamel) était quand même — elle s'est détachée après comme le groupe de la rue Blomet dont je faisais partie — inféodée à Breton. Il ne faut surtout pas penser ça en termes de bandes rivales, mais de fractions, ce que le Parti communiste appelle des fractions.

J. J. — Pour tes compagnons surréalistes, il y eut ces deux mots d'ordre : « Changer la vie » et « Transformer le monde »...

M. L. — Oui. « Transformer le monde », c'est Marx ; « Changer la vie », c'est Rimbaud. Alors, il s'agissait pour nous de faire coïncider les deux.

J. J. — Ne peut-on pas penser qu'un des objectifs de l'ethnologie française dans les années trente fut justement sinon de transformer le monde du moins de transformer les mentalités et peut-être de changer la vie des colonisés ?

M. L. — Dans la brochure annonçant la fondation de l'Institut d'ethnologie[36] Lévy-Bruhl émettait l'idée, somme toute néocolonialiste, que l'ethnologie est un moyen d'arriver à des modes plus rationnels et plus humains de colonisation. Donc l'idée que ça pouvait changer quelque chose, ce qui revenait un peu au scientisme du XIXe siècle quand, avec la science, on pensait aller vers le progrès pas seulement technique mais même moral de l'humanité. C'était à ce point de vue une vieille idée.

36. Lucien Lévy-Bruhl. « L'Institut d'ethnologie de l'Université de Paris », *Revue d'ethnographie et des traditions populaires*, 1925 (23-24), pp. 1-4.

S. P. — La semaine dernière, dans l'émission que France-Culture a consacrée à Claude Lévi-Strauss, cette question a été posée : « Lévi-Strauss est-il un moraliste ? ». Et vous-même, l'êtes-vous ?

M. L. — Je ne me considérais pas du tout comme tel. Rétrospectivement, je peux quant à moi constater que j'avais des idées moralisantes mais c'était tout à fait implicite, je n'en étais pas conscient. Je m'en tiens à ce que je vous disais à l'instant et à quoi je pense juste maintenant, l'idée qu'au fond nous vivions toujours dans le scientisme du XIXe siècle : confondre science et progrès, confondre progrès de la science et progrès de l'humanité.

J. J. — J'imagine que tu en es revenu !

M. L. — Terriblement. Je n'en suis pas très heureux d'ailleurs. Pour dire mon sentiment très en gros, l'ethnologie, ça ne sert à rien, ça ne change rien.

J. J. — Qu'est-ce que tu entends par ça ne sert à rien, ça ne change rien ?

M. L. — Ca ne change pas les choses, pas plus qu'un art ne le fait. Finalement, je situerais l'ethnologie plutôt du côté de l'art. Ca change même moins que la philosophie. Si l'on inclut la morale dans la philosophie, eh bien une morale a une certaine influence sur les mœurs !

S. P. — Mais si l'on pense, par exemple, à la situation des Indiens au Brésil, diriez-vous que l'ethnologie n'a pas la possibilité de changer les choses ?

M. L. — L'ethnologie apporte quelque chose certes, ne serait-ce qu'en montrant que le sacré est un facteur des plus importants dans la vie des sociétés. Mais finalement les résultats pratiques sont à peu près nuls. Je ne veux pas dire que j'ai eu tort d'écrire « L'Ethnographe devant le colonialisme » puisque je pense en tout cas que l'ethnographe doit dénoncer les mauvaises choses qu'il est amené à observer. Mais je constate qu'il ne semble pas jusqu'à présent que cela ait servi à grand-chose. Il m'arrive, de même, de signer telle ou telle pétition sur laquelle je suis d'accord mais en l'efficacité de laquelle je ne crois absolument pas. C'est un geste moral, oui.

S. P. — Vous n'avez pas tout à fait délaissé le rôle de quelqu'un qui proteste.

M. L. — Non, je ne l'ai pas délaissé mais je n'y crois plus. C'est une question de tenue personnelle.

S. P. — J'ai aperçu votre nom il y a quelques semaines au bas d'une lettre de protestation dans une revue américaine...

M. L. — On ne peut le voir que trop souvent mon nom, dans des histoires comme ça ! J'ai d'ailleurs souvent l'idée de cesser mais si on est d'accord sur un texte et qu'on vous demande de signer, c'est très gênant de refuser. Je me rappelle un argument que j'ai trouvé merveilleux. Une femme que je ne connaissais pas m'avait téléphoné pour me demander de signer une pétition pour je ne sais plus quoi. J'étais d'accord sur le fond mais je lui avais répondu que mon nom avait traîné partout et que cela ne voulait plus rien dire ; elle m'a dit alors : « Mais justement, si vous ne signez pas on pensera que vous êtes contre ! »

J. J. — A propos des ethnographes et de leur engagement, je voudrais que tu nous dises justement ce qu'ont été pour toi Boris Vildé et Anatole Lewitsky qui ont été résistants — et parmi les premiers résistants dans ce réseau dit du musée de l'Homme constitué dès octobre 1940[37] *— non point par patriotisme (ils étaient d'ailleurs d'origine étrangère, russe je crois) mais, semble-t-il, par conviction, par éthique et parce qu'ils partageaient pleinement les idées qu'incarnait alors le musée de l'Homme de Rivet.*

M. L. — J'ai toujours pensé que le patriotisme n'était pas leur mobile. Maintenant je dois dire que c'est un peu une certitude comme ça. Je serais bien en peine de donner des preuves à l'appui.

J. J. — J'aimerais te poser une autre question, celle-ci plus personnelle. Après la carrière que tu as eue — je veux parler de ta carrière d'ethnologue — et si tu devais en faire un bilan, que dirais-tu ? T'a-t-elle satisfait ou, mieux peut-être, penses-tu avoir apporté quelque chose, une certaine sensibilité, un certain éclairage comme le disait récemment Claude Lévi-Strauss lors de l'hommage qui a été rendu par le musée des Arts et Traditions populaires à son fondateur : Georges Henri Rivière[38] *?*

M. L. — J'admettrai volontiers que j'ai apporté ma goutte d'eau. J'ai dû aider quelques personnes à être un peu plus lucides. Pour moi, le devoir de lucidité, c'est un devoir personnel. Mais ça ne

37. Cf. Martin Blumenson, *The Vildé Affair*, New York, 1977. Traduction française : *Le Réseau du musée de l'Homme*, Les débuts de la Résistance en France, Paris, Seuil, 1979. Cf. également l'excellent article de Patrick Ghrenassia « Anatole Lewitzky. De l'ethnologie à la résistance », La Liberté de l'esprit, 1987, 16, pp. 237-253.

38. Cf. Claude Lévi-Strauss, « Allocution à l'occasion de l'hommage à Georges Henri Rivière rendu par le musée des Arts et Traditions populaires (26 novembre 1986) », *Ethnologie française*, 1986 (2), pp. 127-133 : « Avec Michel Leiris et André Schaeffner, [Georges Henri Rivière] est de ceux auxquels l'ethnologie française doit sa physionomie originale : art autant que science, passionnément attentive à ce qui se crée autant qu'à ce qui subsiste, refusant de se replier sur elle-même à l'écoute des résonances qui naissent continûment entre les arts plastiques et la musique, le savoir et la poésie, le culte des faits et l'imagination poétique. »

veut pas dire que ça serve à quoi que ce soit. Quant à la seconde partie de ta question, je crois que l'ouvrage de moi qui a le plus compté à cet égard, c'est *l'Afrique fantôme* si on le considère comme un ouvrage anthropologique.

J. J— Tu m'as dit un jour que tu avais été très sensible au fait que la communauté ethnologique professionnelle t'ait reconnu non seulement comme un ethnographe à part entière mais ait reconnu ton œuvre ethnologique..

M. L. — Oui, mais parce que c'est une espèce de compensation. D'abord on m'a considéré comme une manière de voyou, eh bien je suis content d'être tout de même un peu pris au sérieux !

J. J. — L'Afrique fantôme, *après un curieux itinéraire éditorial, a été récemment réédité dans une collection de sciences humaines !*

M. L. — Ca m'a fait plaisir comme à un truand très content si on lui fout la légion d'honneur !

S. P. — Pour rester dans l'ordre de la morale, je voudrais vous poser une question sur la manière dont les objets ethnographiques étaient acquis à l'époque. Dans l'Afrique fantôme, *vous décrivez avec beaucoup de franchise et vos activités et vos sentiments.*

M. L. — On ne peut jamais tout dire, c'est entendu, mais dans *l'Afrique fantôme* je voulais dire le maximum. L'idée qu'on se faisait de l'utilité en quelque sorte morale de l'ethnologie revenait à juger que, la fin justifiant les moyens, on pouvait dans certains cas faire à peu près n'importe quoi pour se procurer des objets qui montreraient, une fois exposés dans un musée parisien, la beauté des civilisations en question. Je n'aurais jamais fait cela dans un but commercial. Jamais. J'avais toujours donné tort à Malraux pour l'affaire des bas-reliefs parce que lui c'était avec l'idée de les vendre. Nous, c'était pour les montrer dans un musée.

S. P. — Quelle est votre position à propos de la restitution des objets que les musées occidentaux possèdent, restitution de ces objets aux pays où ils ont été pris et aux civilisations qui les ont produits ?

M. L. — En principe je suis pour. En fait, il est évident qu'on ne peut tout de même pas, par exemple, restituer des œuvres d'art qui ont été acquises par la France sous, mettons, François 1er ! Tout ne peut pas retourner à son pays d'origine. Mais, en principe, je comprends très bien que des pays maintenant indépendants revendiquent ces objets. Il y a par exemple des objets historiques — comme les trônes du Dahomey que nous avons au musée de l'Homme — qu'il serait convenable de restituer.

S. P. — Est-ce que le musée de l'Homme fait des efforts pour ces entreprises de restitution ?

M. L. — Je crois qu'il n'en fait aucun. Il y a des objets qui proviennent de saisies soit guerrières soit pacifiques — comme il nous est arrivé d'y procéder pendant la mission Dakar-Djibouti — mais la plupart des objets qui se trouvent dans les musées d'ethnographie ont été bel et bien achetés. Et en ce sens les acheteurs en sont bien les propriétaires.

S. P. — Mais si un objet était payé, cela veut-il dire à votre avis qu'il appartient forcément à la personne qui l'a payé ? Car il y a tout de même la question du pouvoir de celui qui achète.

M. L. — On peut dire aussi que ces objets étaient payés à très bas prix et donc que le marché n'était tout de même pas un marché vraiment régulier.

S. P. — Je sais par exemple qu'au Surinam, il y a des représentants de ce pays qui sont venus aux États-Unis pour demander qu'on leur restitue certains objets, mais sans faire une distinction entre les objets achetés et ceux qui ne l'avaient pas été, car pour eux ce ne pouvait être-là la question.

M. L. — Je comprends leur réaction, qui est légitime. Mais la réaction inverse l'est aussi. Je ne crois pas qu'on puisse prendre une position générale. Il faudrait examiner chaque cas d'espèce.

S. P. — Vous avez souligné tout à l'heure la différence entre les activités de Malraux, c'est-à-dire le vol des bas-reliefs...

M. L. — Là aussi, il faut être prudent. Je n'ai pas été indigné.

S. P. — Oui... et vos propres activités de collecteurs lors de la mission Dakar-Djibouti.

M. L. — Il y a une mise au point que je tiens à faire. C'est vraiment à l'occasion qu'il y a eu des acquisitions d'objets où nous ne nous sommes pas gênés. Mais ce fut rare. On payait presque tout.

S. P. — Vos idées sur tout cela et votre attitude ont-elles changé après ?

M. L. — Maintenant je pense que c'était très mal, dans la mesure où c'était faire du tort à des gens, les priver de choses auxquelles ils étaient très attachés, au profit finalement de rien ! En tout cas pas à leur profit.

J. J. — Alors à quoi bon ? Ce que je veux dire est que, plus tard, nous dirons peut-être la même chose de cette ethnologie qu'aujourd'hui nous faisons...

M. L. — Oh ! je sais bien. Pour l'écriture par exemple, qui est la seule chose que je pratique encore, je suis arrivé à penser que c'est comme une drogue. Eh bien la drogue ça n'a pas de sens ! Simplement, on y est férocement attaché, on ne peut pas s'en passer.

J. J. — Ne penses-tu pas qu'avec cette drogue, mettons, on découvre un petit peu du réel, un peu de vérité ?

M. L. — Avec la littérature ?

J. J. — Oui

M. L. — Comme avec une autre drogue aussi. Demande à un toxicomane, il te dira que lorsqu'il est sous l'influence de son toxique, il a une lucidité extrême.

J. J. — Le drogué se drogue pour lui-même, il ne se donne pas à voir, encore moins à lire.

M. L. — Je reconnais qu'il y a une très forte différence. Mais alors ce que j'en viens à me demander, c'est si, écrivant et publiant, on n'est pas simplement un drogué vaniteux !

J. J. — Penses-tu avoir un message à transmettre ?

M. L. — Non, je ne crois pas en avoir un.

J. J. — Alors, j'y reviens, pour quoi et pour qui écris-tu ?

M. L. — Je te l'ai dit, c'est comme une drogue.

J. J. — Mais si, après avoir écrit et publié, personne ne te répondait, si ce que tu as écrit laissait indifférent ?

M. L. — Je serais désolé.

J. J. — Continuerais-tu à écrire ?

M. L. — Oui, sûrement. Je penserais d'ailleurs qu'on peut être reconnu plus tard, je penserais peut-être à la postérité...

S. P. — En lisant l'Afrique fantôme, *je me suis demandée pour qui vous l'écriviez ? Il y a des moments où j'avais l'impression que vous écriviez pour vous-même et puis d'autres...*

M. L. — J'écrivais essentiellement pour moi. Je l'ai dit je crois, c'était un livre expérimental. J'en avais par-dessus la tête de la littérature, du surréalisme notamment, par-dessus la tête de la civilisation occidentale. Je voulais voir ce que ça allait donner de m'astreindre à consigner à peu près tout ce qui se passait autour de moi et tout ce qui se passait dans ma tête. Voilà à peu près l'idée qui a présidé à *l'Afrique fantôme.*

S. P. — Comment Marcel Griaule a-t-il réagi ? Est-ce que vous lui avez montré ?

M. L. — Il avait été question, à un moment donné, que je lui montre les épreuves, mais j'avoue que je ne l'ai pas fait — bien que je le lui aie dit — parce que je me suis aperçu, étant donné ses façons de se comporter, qu'il était d'un autre bord et que, fermé à l'esprit du livre malgré notre camaraderie, il me demanderait des coupures inacceptables. Donc j'ai décidé de ne pas lui montrer lesdites épreuves. Et il a été furieux quand le livre est paru, considérant que je compromettais l'avenir des études de terrain, etc.

S. P. — Si l'on reprend cette image de la drogue, elle s'applique bien à ce journal. Vous avez vraiment écrit chaque jour...

M. L. — Pratiquement oui. Je ne me couchais pas sans avoir fait le compte rendu de ma journée. Il y a des endroits où je reprends des notes sur fiches, des notes proprement ethnographiques, au moment de mon enquête sur les *zâr* où je n'avais plus le temps. Alors, je recopiais simplement mes fiches de travail, des comptes rendus de séances de possession par exemple. Mais sans cela, ça été fait positivement chaque soir, avant de me coucher.

J. J. — Mauss avait-il été sensible à cet aspect « carnet de route » de l'ethnologue au moment de la publication de l'Afrique fantôme *? Quelle avait été sa réaction ?*

M. L. — Il m'avait semoncé, d'une façon paternelle, débonnaire, mais enfin il n'était pas d'accord.

J. J. — Rivet ?

M. L — Je crois te l'avoir déjà raconté. Rivet, pour ne pas abîmer à mes yeux son image de marque, pour rester un homme tout ce qu'il y a de libéral, m'a chicané sur des questions de pure forme, relevant des fautes de français ou relevant cette chose dont j'avais parlé dans le récit d'un rêve — il oubliait complètement qu'il s'agissait d'un rêve — la baie d'Hudson que j'avais située à New York, et puis d'avoir employé le terme « recoller » au lieu de « récoler », etc. En cela il m'avait parfaitement déplu, j'aurais préféré qu'il y aille carrément… ce qu'avait fait Mauss. Mais c'est seulement avec Griaule que *l'Afrique fantôme* a gâté mes rapports.

J. J. — Si on avait à apprécier ta position malgré tout assez marginale dans l'ethnologie française (car non académique), ne pourrait-on pas dire que tu as joué le rôle d'une sorte d'iconoclaste, plus exactement, de démystificateur puisqu'il t'est souvent arrivé de mettre, comme on dit, les pieds dans le plat ?

M. L. — Je n'en disconviens pas mais je dirai plutôt démystificateur. Ce n'est pas tellement la volonté de détruire qui m'anime, mais plutôt de démystifier afin de m'en tenir à quelque chose de vraiment éprouvé, de solide.

J. J. — L'Afrique fantôme *était déjà une entreprise de démystification de l'enquête de terrain.*

M. L. — Oui, et puis démystification du voyage, démystification du récit de voyage.

J. J. — La Possession et ses aspects théâtraux[39] *est aussi, en quelque sorte, une démystification de la possession, qui montre en tout cas — idée que reprendra plus tard Rouget* [40] *— qu'il faut qu'on ait déjà l'idée d'être possédé pour être possédé.*

M. L. — C'est ça.

J. J. — En revanche, je ne crois pas qu'on puisse en dire autant de tes travaux consacrés à l'art africain. Afrique noire : la Création plastique [41] *me semble être un livre plus conventionnel.*

M. L. — Plus orthodoxe.

J. J. — En somme, il se rapproche plus dans sa forme, de la Langue secrète, *qui, elle aussi, est plus orthodoxe.*

---

39. Cf. Michel Leiris, *La Possession et ses aspects théâtraux chez les Ethiopiens de Gondar*, Paris, Plon, 1958. Nouvelle édition augmentée, Paris, Le Sycomore, 1981 puis, Montpellier, Fata Morgana, 1989.
40. Cf. Gilbert Rouget, *La Musique et la transe*, Paris, Gallimard, 1980. Préface de Michel Leiris.
41. Cf. Michel Leiris et Jacqueline Delange, *Afrique noire : la Création plastique*, Paris, Gallimard, 1967.

M. L. — Oui. D'ailleurs *Afrique noire : la Création plastique* était un livre qui avait été fait sur commande pour une collection dont je connaissais très bien la couleur.

J. J. — Des critiques littéraires, ou même des commentateurs ethnologues, ont dit de toi que tu avais été un des premiers à lancer l'idée d'une « ethnographie de soi-même ». Or ça n'est pas une expression que tu as utilisée toi-même.

M. L. — Je pense que si on creuse, c'est complètement faux. Les analyses que j'ai données, par exemple l'impression que me faisaient quand j'étais petit les idées déclenchées en moi par certains mots que je comprenais mal, qu'est-ce que ça a à voir avec l'ethnographie de soi-même ? Quand je parle dans *l'Âge d'homme* [42] de mes premiers éveils sexuels, ça n'a rien d'ethnographique. Ce qui prête à confusion, c'est qu'en effet, dans mes *Titres et Travaux*, j'ai dit que c'était au fond le même but que je poursuivais par deux voies différentes, c'est-à-dire d'arriver à une *anthropologie générale* par l'observation de moi et par celle de gens appartenant à d'autres sociétés. Ça n'est pas pareil. Evidemment, tu sais que *la Règle du jeu* [43] a été écrite en grande partie d'après des fiches, eh bien le maniement des fiches m'avait été rendu familier par l'enquête ethnographique. Je crois que si je n'avais pas été ethnographe, je n'aurais pas eu l'idée de faire des fiches. J'aurais pris des notes, mais ça n'aurait pas été la même chose, ça n'aurait pas été ces fiches qu'après je pouvais manipuler, changer de place, etc. Et ce qu'il y a d'ethnographique dans cela se réduit à la manipulation des fiches. Je crois que c'est un peu court pour parler « d'ethnographie de soi-même » ! Je n'ai pas beaucoup parlé de mon entourage. Si j'avais fait une ethnographie de moi-même, je me serais longuement

42. Cf. Michel Leiris, *L'Age d'homme*. Paris, Gallimard, 1939 [Nouvelles éditions augmentées d'une préface et de notes, Paris. Gallimard, 1946 et 1964].
43. Œuvre littéraire maîtresse de Michel Leiris, qui a été écrite sur près de trente ans, *La Règle du jeu* comprend quatre volumes : *Biffures* (1948), *Fourbis* (1955), *Fibrilles* (1966), *Frêle bruit* (1976), tous parus aux éditions Gallimard à Paris.

étendu sur qui étaient mes parents, ce qu'ils faisaient, de quel milieu ils étaient issus.

J. J. — Quand tu as écrit « Le Sacré dans la vie quotidienne[44] *», n'y avait-il pas, là, l'ébauche d'une ethnographie de soi-même ?*

M. L. — Ça, oui ! C'est un peu de l'ethnographie. Je crois bien que dans « Le Sacré dans la vie quotidienne », ce n'est pas moi que je décris, c'est au fond l'ambiance dans laquelle je vivais.

J. J. — Dans ses cours, Mauss avait parlé « d'ethnographie littéraire », à quoi, à qui faisait-il allusion ?

M. L. — Il donnait comme exemples des écrivains tels que Lafcadio Hearn. Dès les projets de préface de *l'Afrique fantôme*, je pensais qu'en ethnographie la subjectivité devait intervenir, mais la subjectivité, si je puis dire, le doit en fonction de l'objectivité. C'est l'objectivité, c'est l'extérieur, finalement les autres qui doivent être décrits d'une façon valable. Ce n'est pas vous-même. Vous vous mettez en scène vous-même pour permettre le calcul de l'erreur.

J. J. — Qu'entendais-tu par calcul de l'erreur ?

M. L. — Je crois que c'est en classe de Philosophie que j'ai entendu parler pour la première fois du calcul de l'erreur. Je sais que cela m'avait transporté. C'était pour moi une espèce de valorisation de l'erreur. Si ça apparaît dans les deux projets de préface de *l'Afrique fantôme*, c'est aussi pour ma défense. Ce sont presque des projets

44. Conférence prononcée le 8 janvier 1938 au Collège de sociologie (lequel fut fondé par Georges Bataille, Roger Caillois et Michel Leiris en 1937), et publiée sous la forme d'un quasi-manifeste, avec des textes de Bataille et Caillois — l'ensemble réuni sous le titre « pour un Collège de Sociologie » —, dans *La Nouvelle Revue française* du 1er juillet 1938. Ce texte a été repris dans l'ouvrage de Denis Hollier (éd.), *Le Collège de sociologie*, Paris, Gallimard, 1979, pp.60-74

de plaidoyer, avec la certaine mauvaise foi qui peut intervenir dans un plaidoyer d'avocat.

J. J. — Par rapport à ces deux pôles qui, pour une large part, ont organisé notre univers intellectuel, disons Sartre et Lévi-Strauss on te situerait beaucoup plus du côté de Sartre que de Lévi-Strauss.

M. L. — Le fait est que, à un moment donné, pendant des années, j'ai subi fortement l'influence de Sartre. Je crois pouvoir dire que, bien qu'ayant beaucoup d'estime et d'amitié pour lui, je n'ai jamais subi l'influence de Lévi-Strauss, pas le moins du monde.

J. J. — En quoi est-ce que Sartre t'a plus influencé ?

M. L. — Par sa volonté de vivre selon sa philosophie. J'ai eu, par ailleurs, des contacts beaucoup plus intimes avec Sartre qu'avec Lévi-Strauss. Ce qui m'intéressait chez Sartre, c'était cette recherche d'une morale, qu'il n'a jamais pu arriver à établir d'ailleurs.

J. J. — Tu ne crois pas que ça tient aussi au fait que, malgré ton pessimisme actuel, tu gardes une certaine confiance en l'avenir, et que tu restes au fond un « humaniste ».

M. L. — Je te dirai que, dans mon état d'esprit actuel, mon espoir qui n'a absolument rien de social ni d'humanitaire, c'est l'idée que, après tout, si j'arrive encore à trouver de la poésie quelque part, c'est que tout n'est pas absurde.

S. P. — C'est de l'espoir pour la littérature, mais pour l'ethnologie ?

M. L. — Alors ça vraiment, pour la seule ethnologie je ne fonde sur elle aucun espoir.

S. P. — Est-ce que vous lisez des travaux d'ethnologie actuellement ?

M. L. — Non. Pas du tout. Je suis beaucoup trop paresseux. Je crois que l'ethnologie peut apporter des connaissances intéressantes comme par exemple — ça n'est pas immédiatement ethnologique mais ça y touche — les travaux de Lévi-Strauss sur la mythologie comparée ou ceux de Dumézil, mais ce que je veux dire, c'est qu'à mon avis ça ne change rien à rien. Ça apporte. des connaissances. Ce n'est pas si mal, mais quant à changer, à améliorer d'un iota, je ne pense pas du tout.

J. J. — Le XIX*e siècle a vécu avec l'idée que la science pouvait apporter quelque chose— comme tu le disais tout à l'heure—, or maintenant il me semble qu'on vit plutôt avec l'idée que la science et la technique apporteront ou apportent déjà beaucoup plus de mal que de bien.*

M. L. — En effet. Si la science est nuisible, il vaut mieux se tenir tranquille. Et on arrive à l'obscurantisme total ! Ce qu'on peut dire quand même, mais ça c'est une vue foncièrement idéaliste, c'est qu'un homme de nos jours qui se respecte se doit d'être lucide dans toute la mesure où il le peut.

S. P. — Pourriez-vous nous parler du rôle des rêves et de la psychanalyse dans votre œuvre ?

M. L. — Ca n'est pas grâce à la psychanalyse que j'ai écrit, j'écrivais déjà. Mais c'est grâce à elle que, au retour de la mission Dakar-Djibouti, j'ai été assez raisonnable pour faire une licence de lettres et puis m'installer, si je puis dire, dans la profession d'ethnologue. J'entends que, si je n'avais pas été soigné, j'aurais fait cette mission Dakar-Djibouti qui m'est venue en dehors de la psychanalyse, encore que Borel [45], mon psychanalyste, m'eût vivement engagé à accepter la proposition de Griaule m'offrant de prendre part au voyage transafricain qu'il projetait. Je crois cependant qu'au début de mon traitement j'étais dans un tel état de trouble que jamais je n'aurais eu le courage de faire une licence au retour de ce voyage. De sorte que je n'aurais pas pu devenir un ethnologue professionnel. Je ne suis pas un fanatique de la psychanalyse mais je pense que c'est une thérapeutique très efficace quand elle est bien appliquée, et que moi j'en ai bénéficié. De même que pour Bataille, qui avait été un patient de Borel et m'avait conseillé d'aller le voir, *Histoire de l'œil* — le premier livre qu'il a publié —, a été écrit après son analyse. Donc, la psychanalyse lui a profité. Quant aux rêves, j'en ai toujours eu une vue beaucoup plus surréaliste que psychanalytique. C'est-à-dire que c'est le contenu manifeste, comme dit Freud, et non pas le sens sous-jacent qui m'intéresse dans le rêve. Par contre, il est certain qu'un écrit de Freud comme *Psychopathologie de la vie quotidienne* m'a littérairement influencé : la lecture de ce livre m'a donné le goût des menus faits auxquels une signification importante est attachée. Je dois ajouter que, de l'idée freudienne de primat du sexuel, j'ai tiré beaucoup plus que de l'idée marxiste de primat de l'économique. Evidemment, il faut se méfier de toutes ces vues rétrospectives que je vous sors là, parce que quand on voit les choses rétrospectivement, on a une fâcheuse tendance à les rationaliser et à faire comme si on avait songé positivement à quelque chose qui, en fait, n'a été qu'implicite. D'ailleurs, tout ce que je vous dis est d'autant plus approximatif que l'expression orale n'est vraiment pas mon fort !

J. J. — On peut se demander, à propos de ce que la psychanalyse t'a apporté, si Breton n'avait pas au fond raison quand il ne voulait pas qu'un savoir s'interpose entre son regard et l'objet !

---

45. Il s'agit de Adrien Borel, l'un des fondateurs de la Société psychanalytique de Paris et de *L'Evolution psychiatrique* ; spécialiste de toxicomanie. il fut analysé par Rudolph Loewenstein. En 1950, à la fin de sa vie, Borel incarna le rôle du curé de Torcy dans le film de Robert Bresson : *Journal d'un curé de campagne*, tiré du roman de Georges Bernanos, publié en 1936.

M. L. — Je dirai que le savoir peut jouer un rôle démystificateur, et c'est en cela que c'est intéressant.

J. J. — Il peut jouer aussi un rôle mystificateur.

M. L. — Je te l'accorde !

S. P. — Vers la fin de l'Afrique fantôme, *vous écrivez : « Je maudis toute mon enfance et toute l'éducation que j'ai reçue, les conventions imbéciles dans lesquelles on m'a élevé, la morale qu'on a jugé bon de m'inculquer, etc. ». Pourriez-vous me dire ce qui vous a inspiré cette réflexion ?*

M. L. — C'est surtout l'éducation catholique que j'avais en vue, parce que j'ai été élevé, pas d'une façon bigote — ce serait exagéré de dire cela —, mais j'ai été élevé catholique, d'abord dans une toute petite école et puis, ensuite, au catéchisme, faisant ma première communion, etc. Et quand j'ai vitupéré de la façon que vous dites, je pensais surtout à la question de la sensualité : tous les actes qui en relèvent, et notamment les actes sexuels, considérés, pour tout dire d'un mot, comme immoraux. Parce que tout de même on vous apprend à valoriser énormément la chasteté quand on est gosse. Et en particulier la masturbation est une chose horrible, etc. Je sais que j'avais une honte affreuse de cette pratique.

S. P. — Est-ce que cette phrase que j'ai citée contient une critique de l'éducation en général ?

M. L. — Pas de l'éducation en général, mais de celle que j'avais reçue. Il est bien évident, et même à ce moment-là je ne pensais pas le contraire, que l'enfant doit toujours être éduqué. Mais je considérais que je n'avais pas eu une éducation suffisamment libérale et que c'était l'éducation catholique qui avait développé en moi un fort sentiment de culpabilité. C'est à ça essentiellement que je pensais en écrivant cette phrase.

S. P. — Qu'est-ce que vous pensez de cette anthropologie qui est aujourd'hui à la mode, qui s'appelle, chez nous, reflexive anthropology, *et qui réintroduit un élément subjectif. C'est presque comme si la subjectivité que vous défendiez en ethnologie, voici cinquante ans, devenait d'actualité.*

M. L. — Je pense que l'élément subjectif doit être présent. Il est toujours présent. Alors il vaut mieux qu'il le soit d'une façon manifeste que d'une façon cachée. Il faut mettre carte sur table, en somme. Voilà, je suis comme ceci, et moi qui suis comme ceci j'ai vu comme cela. Pour moi, c'est élémentaire. Je vais faire une concession à la science officielle, je pense que l'objectivité absolue, c'est ce qu'il y a de plus souhaitable, mais ce n'est pas possible, il y a toujours de la subjectivité. Alors, il vaut infiniment mieux que cette subjectivité soit avouée que dissimulée. Qu'on sache à quoi s'en tenir.

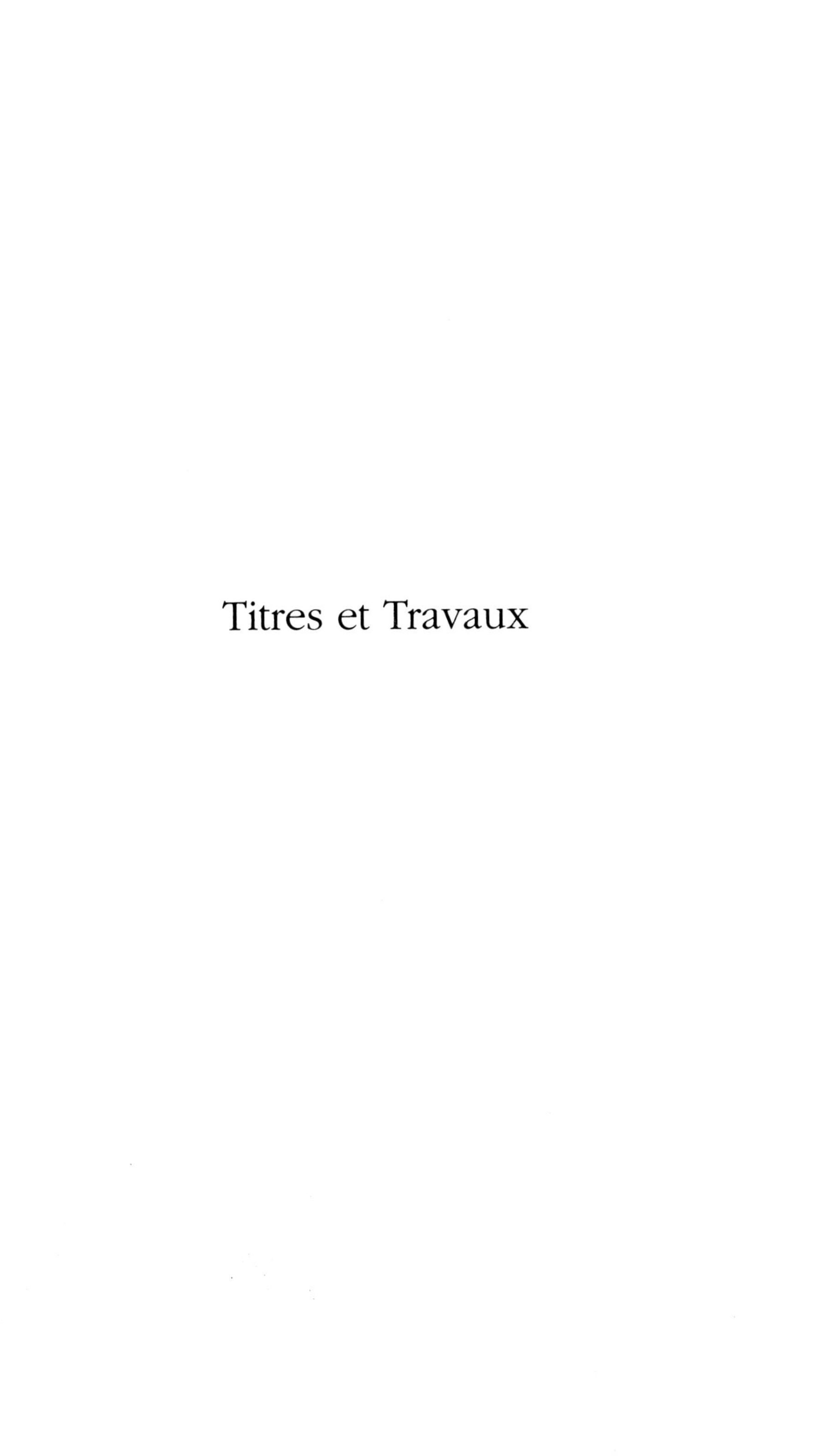

Titres et Travaux

Rédigée en août 1967, et multigraphiée, la brochure « Titres et Travaux de Michel Leiris » constitue la pièce centrale du dossier de candidature que celui-ci, alors maître de recherche au Centre National de la Recherche Scientifique, avait présenté en septembre 1967 pour accéder au grade de directeur de recherche, — grade auquel il sera promu en janvier 1968. Outre la précision et la clarté de sa rédaction qui en font un document de premier ordre pour comprendre l'œuvre de Michel Leiris et saisir notamment le rapport que lui-même établissait entre les deux faces de son activité — littéraire et ethnographique —, ce texte présente la particularité en quelque sorte induite par sa destination administrative — mais qui ne manque pas de sel si l'on se reporte au projet autobiographique de Leiris — d'avoir été écrit par lui à la troisième personne du singulier.

Une première publication de ce texte a été faite quelques mois après la mort de Michel Leiris, dans Gradhiva, *n° 9, 1991, pp.3-13.*

Né à Paris le 20 avril 1901, Michel Leiris a participé dès 1924 au mouvement surréaliste, dont il s'est séparé en 1929, sans répudier pour autant les buts de large émancipation psychologique et sociale que ce mouvement s'était assignés. Animé par ce souci « humaniste », il est devenu — tout en poursuivant son activité d'écrivain — un ethnologue de profession à la suite du premier voyage qu'il effectua en Afrique noire : la mission Dakar-Djibouti (1931-1933) à laquelle Marcel Griaule, avec qui il était entré en relations grâce à Georges Henri Rivière, alors sous-directeur du musée d'ethnographie du Trocadéro, l'avait invité à se joindre. *L'Afrique fantôme*, journal qu'il tint au cours de ce voyage, peut être regardé tout à la fois comme marquant ses débuts dans la littérature d'ordre ethnologique et comme amorçant la série d'écrits autobiographiques qui représente le noyau de son œuvre d'écrivain, écrits dont le plus connu est *l'Age d'homme* (1939) et dont un autre plus récent, *Fourbis*, a obtenu le Prix des Critiques en 1956. C'est après être rentré de la mission Dakar-Djibouti que Michel Leiris reçut l'enseignement de maîtres tels que Marcel Mauss, dont il avait déjà suivi les cours en qualité d'auditeur libre, Marcel Cohen et Paul Rivet.

Comme poète, Michel Leiris a publié entre autres ouvrages *Glossaire j'y serre mes gloses* (1939), témoignage tout spécial de l'intérêt que dès longtemps il a porté au langage comme levier pour l'imagination, *Haut mal* (1943), et *Aurora* (1946), livres qui tous trois relèvent directement de l'esprit surréaliste. Comme critique, il est l'auteur de nombreuses études, consacrées en particulier à ses amis écrivains ou artistes, Max Jacob, Raymond Roussel, Georges Bataille, Pablo Picasso, André Masson, Joan Miró et Alberto Giacometti. Longtemps passionné pour le grand spectacle populaire qu'est la corrida, à laquelle il attache une haute valeur esthétique, il a fait également paraître un *Miroir de la tauromachie* (1938) ainsi que d'autres écrits d'inspiration taurine et il a établi le texte du film documentaire de long métrage *la Course de taureaux*, réalisé par Pierre Braunberger, Myriam Borsoutsky et Auguste Laffront (1951).

En dehors des voyages professionnels qui l'ont conduit en Afrique noire puis aux Antilles, terrain d'enquête que sa qualité d'africaniste et ses liens avec le poète martiniquais Aimé Césaire lui avaient ouvert, des déplacements de divers ordres ont amené Michel Leiris à visiter l'Égypte et quelques points de l'Afrique du Nord, ainsi que plusieurs pays européens. La mobilisation de 1939, en l'envoyant dans le Sud Oranais, lui a fourni l'occasion d'une expérience saharienne. En 1955, il a fait partie de la délégation de l'Association des amitiés franco-chinoises qui s'est rendue en République populaire de Chine. Enfin, en 1964, il a fait un bref séjour au Japon et, en 1967, il est allé à Cuba. Conçue d'abord comme un moyen de dépaysement intellectuel, puis choisie comme second métier, l'ethnologie est aujourd'hui pour Michel Leiris une activité qui lui paraît intimement liée à son activité littéraire. La poésie étant son intérêt majeur, il se trouvait dans les dispositions les plus adéquates pour étudier la langue initiatique des Dogon de Sanga et procéder, par la suite, à l'analyse stylistique des textes recueillis. L'importance qu'il accorde au théâtre et aux spectacles en général ne pouvait, d'autre part, que le porter à examiner, avec le désir opiniâtre d'en discerner les dessous psychologiques, l'espèce de « comédie rituelle » (selon les termes d'Alfred Métraux) à laquelle s'adonnent les adeptes de cultes à base de possession comme celui des *zâr* en Éthiopie et comme le *vodu* haïtien. Si la critique d'art lui avait été étrangère, il lui eût été plus difficile d'adopter un point de vue, non seulement ethnologique, mais proprement esthétique pour rédiger, avec sa collègue du musée de l'Homme, Jacqueline Delange, le dernier paru de ses ouvrages, *Afrique noire : la création plastique*. En revanche, il lui paraît indéniable que son expérience de l'observation ethnographique l'a aidé dans ses tentatives de description de soi-même : n'est-ce pas, outre l'influence d'une cure psychanalytique, l'habitude de prendre en face des phénomènes humains une position d'observateur qui lui a permis de se faire le témoin, extérieur en quelque sorte, de ce qui se déroulait en lui ?

De tout ceci, il résulte que Michel Leiris souhaite mener aussi longtemps qu'il en aura la faculté les deux activités conjuguées qui sont pour lui comme les deux faces d'une recherche anthropologique au sens le plus complet du mot : accroître notre connaissance de l'homme, tant par la voie subjective de l'introspection et celle de l'expérience poétique, que par la voie moins personnelle de l'étude ethnologique.

Il va sans dire que l'exposé de titres et travaux qui suit porte seulement sur la face « sciences humaines » de l'activité de Michel Leiris.

Titres universitaires

Baccalauréat latin-langues vivantes-philosophie (1917-1918).

Licence de Lettres :

Certificat d'histoire des religions (option : religions primitives), reçu avec mention « bien » en juin 1936.

Certificat de sociologie, en novembre 1936.

Certificat d'ethnologie (options : linguistique et Afrique noire), reçu avec mention « bien » en juin 1937.

Diplôme de l'École nationale des Langues orientales vivantes (langue amharique), reçu avec mention « bien », en juin 1937.

Diplôme de l'École Pratique des Hautes Études, section des sciences religieuses : mémoire sur *la Langue secrète des Dogons de Sanga* (année scolaire 1937-1938, sur rapport de Louis Massignon, seul rapporteur après décès de Alexandre Moret).

Titres professionnels

Postes

Boursier de la Caisse Nationale des Sciences (1933).

Assistant temporaire au Laboratoire d'Ethnologie du Muséum National d'Histoire Naturelle (1937).

Directeur de service au Laboratoire d'Ethnologie de l'École Pratique des Hautes Études (aide-technique du Centre National de la Recherche Scientifique) (1938).

Chargé de recherche au Centre National de la Recherche Scientifique (1943).

Maître de recherche au Centre national de la Recherche Scientifique (1961).

Fonctions

Attaché au département d'Afrique noire du musée d'ethnographie du Trocadéro puis du musée de l'Homme, depuis 1933 jusqu'à ce jour. Chargé de ce département de 1934 à 1948.

Chargé par intérim du département d'Afrique blanche et Levant au musée de l'Homme (octobre 1940-avril 1941).

Missions et déplacements à des fins de recherche ou de relations culturelles

Mission ethnographique et linguistique Dakar-Djibouti (deuxième expédition Marcel Griaule, 19 mai 1931-16 février 1933), en qualité de secrétaire-archiviste et enquêteur pour la sociologie religieuse.

Voyage à Anvers et à Bruxelles, comme représentant du musée de l'Homme, à l'occasion de l'Exposition d'Art congolais organisée par le comité des « Semaines de propagande de la ville d'Anvers » (13-16 janvier 1938).

Mission d'enquête sur le problème de la main-d'œuvre en Côte-d'Ivoire (mission de l'inspecteur des colonies A. J. Lucas, 26 février-10 mai 1945), à titre de spécialiste de l'ethnologie africaine.

Participation à la « Conference on African anthropological and linguistic research » (Londres, 2-4 juillet 1947), colloque international organisé par l'African International Institute.

Séjour à Sidi Madani, près Blidah, comme invité du Gouvernement général de l'Algérie (service des mouvements de jeunesse et de culture populaire) dans un but de relations culturelles (8-27 janvier 1948).

Mission d'études ethnographiques et de relations culturelles dans les Antilles de langue française (26 juillet-13 novembre 1948), à titre de bénéficiaire de l'une des bourses accordées à l'occasion du Centenaire de la Révolution de 1848.

Mission d'études sociologiques en Martinique, en Guadeloupe et dans les dépendances de celle-ci, afin d'enquêter, pour le compte de l'Unesco, sur l'état des relations interraciales dans les Antilles françaises (21 mars-21 juillet 1952).

Participation à la rencontre internationale sur les religions africaines traditionnelles organisée par le Centre culturel du Monastère de Bouaké (Côte-d'Ivoire, 15-20 octobre 1962).

Participation au colloque « Fonctions et significations de l'Art nègre dans la vie du peuple et pour le peuple », organisé par la Société Africaine de Culture avec le concours de l'Unesco, sous le patronage du Gouvernement du Sénégal (30 mars-8 avril 1966, Dakar, 1er Festival mondial des Arts nègres).

Enseignement

Chargé du cours d'Ethnologie des Noirs de l'Afrique, dans le cycle de conférences organisé à l'École de la France d'Outre-Mer pour les administrateurs coloniaux issus des Forces Françaises Libres et, en remplacement de Mme Denise Paulme-Schaeffner en mission en Guinée, dans l'enseignement normal de l'École (1945-1946).

Chargé du cours d'Ethnographie de l'Afrique noire à l'Institut d'Ethnologie, en remplacement de Mme Denise Paulme-Schaeffner (1947-1948).

Chargé du cours d'Ethnographie de l'Afrique noire à l'École des surintendantes d'usines et de services sociaux (1946-1949).

Chargé du cours d'Ethnographie de l'Afrique noire au Stage d'Information sur les territoires d'Outre-Mer organisé par la Direction des Troupes Coloniales et devenu Centre d'Études Asiatiques et Africaines (1950-1954).

Michel Leiris a donné en outre divers cours, conférences ou séances de séminaires à l'École Nationale des Langues Orientales Vivantes, à l'Institut des Hautes Études Cinématographiques, à l'École des infirmières de l'Hôpital Pasteur et à l'École spéciale des travaux publics, du bâtiment et de l'industrie.

D'autre part, il a dirigé de nombreuses visites accompagnées de la galerie d'Afrique noire du musée de l'Homme.

Travaux personnels

Au cours de la mission Dakar-Djibouti, grâce à laquelle il a pu s'initier sur le terrain même à la recherche ethnographique sous la direction de Marcel Griaule qui en avait déjà l'expérience, Michel Leiris a eu l'occasion de procéder à deux grandes enquêtes, en dehors des multiples enquêtes plus limitées que comportait, outre le rassemblement d'une abondante collection d'objets, le travail courant de la mission.

1° Enquête sur le *sigi so*, langue initiatique de la société des hommes chez les Dogon de Sanga (Soudan français, aujourd'hui Mali), travail qui a consisté essentiellement en la collecte et en la traduction de textes avec comme principal informateur, un vieil homme de Sanga, Ambibe Babadyi, tenu localement pour l'un des meilleurs connaisseurs de cette langue et, comme interprète, le lieutenant au titre indigène Dousso Wologyem, de Bandiagara. A ces matériaux nombreux se sont ajoutés, quand Michel Leiris en a fait l'étude systématique, quelques autres textes figurant parmi les documents recueillis tant par d'autres membres de la mission Dakar-Djibouti que par ceux de la mission Sahara-Soudan (troisième expédition Griaule, 1935).

Ces textes, en une langue jusqu'alors inconnue bien que son existence eût été signalée, ont été publiés précédés d'une importante mise en place ethnographique et linguistique, accompagnés de commentaires et suivis d'un essai de grammaire ainsi que d'un vocabulaire. Pour chacun d'entre eux, le texte original est donné avec deux traductions, l'une littérale, l'autre plus libre, visant à en restituer le caractère poétique. Les conclusions que Michel Leiris a cru pouvoir dégager de son travail d'analyse sont les suivantes :

a) Les textes en *sigi so*, au moins pour beaucoup d'entre eux (oraisons funèbres et exhortations aux danseurs masqués), ne sont pas des textes fixes, que le récitant saurait par cœur, mais répondent sensiblement à ce que le grand sinologue Marcel Granet a nommé « improvisation traditionnelle », soit un mode d'invention dans lequel la puissance d'inspiration apparaît indistincte d'un savoir fourni par la tradition.

b) Nettement différent du dogon courant et incompris de la masse des gens, le *sigi so*, dont le vocabulaire contient de nombreux termes voltaïques, semble témoigner de l'influence des contacts que les Dogon ont eus — notamment durant la période qui s'est écoulée entre leur exode du Mandé et leur établissement dans les falaises de Bandiagara — avec d'autres peuples auxquels cette langue spéciale aurait emprunté nombre de termes, suivant l'un des processus les plus fréquents de constitution des langues religieuses ou poétiques et des argots.

2° Enquête sur le culte des génies *zâr* chez les chrétiens de Gondar (Éthiopie) et, à titre purement comparatif, chez les musulmans de cette ville. Pour cette étude, Michel Leiris a eu pour grande informatrice une notable du quartier de Baata, Malkam Ayyahou, qui dirigeait un groupe de possédés et exerçait la profession de guérisseuse, et il a interrogé d'autre part un certain nombre de ses adeptes (femmes surtout) ainsi que quelques-uns de ses confrères. Le travail a consisté, non seulement en enquêtes méthodiques et en entretiens plus libres, mais en l'assistance à de nombreuses réunions et cérémonies, durant plusieurs mois de contact quotidien avec le groupe à l'activité duquel Malkam Ayyahou présidait au titre du plus grand des *zâr* qui étaient censés la posséder. Comme introducteur dans ce groupe et comme interprète, Michel Leiris se félicite d'avoir eu le lettré éthiopien Abba Jérôme Gabra Moussié, qui fut pour lui un guide précieux et qui tint en langue amharique des carnets où abondent notations et observations constituant des documents très vivants et souvent chargés de poésie. Traduits sur place par les deux enquêteurs dans leurs moments de repos, ces textes ont fourni à Michel Leiris (qui compte poursuivre leur exploitation avec l'assistance de Joseph Tubiana, professeur à l'École Nationale des Langues Orientales Vivantes, et celle d'Abba Jérôme) une grande part de la matière déjà mise en œuvre dans ses publications relatives aux *zâr*.

Cette étude d'un culte à base de possession — culte syncrétique comportant des éléments païens et des éléments islamiques insérés dans un cadre chrétien au demeurant assez lâche — a trouvé son prolongement en 1948 dans l'enquête rapide que Michel Leiris a menée sur le *vodu* haïtien, avec l'aide éclairée de son ami Alfred Métraux, grand spécialiste de cette question. Pour le *vodu* comme pour le *zâr*, il a été frappé par le caractère institutionnel et par l'allure spectaculaire que revêtent, non seulement les cérémonies sacrificielles, mais les séances de possession, intégrées à un ensemble de pratiques qu'il serait erroné de regarder comme exclusivement médicomagiques et, plus encore, d'envisager simplement sous l'angle de la psychopathologie. En effet, on constate, d'une part, que les maux attribués au mécontentement des *zâr* et qu'on s'efforce de soigner sont, dans la plupart des cas des maux d'ordre physique et non d'ordre psychique, constatation qui vaut aussi pour le *vodu*. Et l'on observe, d'autre part, que la possession représente, plutôt qu'un mal dont il s'agirait de délivrer le patient, une technique traditionnelle qui permettra censément de le guérir, en apaisant au moyen d'offrandes les *zâr* interrogés par son truchement, et de lui assigner finalement un génie protecteur définissant sa place dans le groupe. Ainsi, l'ensemble du processus apparaît comme une sorte d'initiation dont le point de départ aura été la maladie ou le dommage quelconque qu'il convenait de réparer. Dans le cas du *vodu* comme dans celui du *zâr*, les crises de possession tendent à constituer une sorte de théâtre vécu, mettant en jeu des personnages mythiques mais conçus comme réels, et incarnés, plutôt que joués, par ceux ou celles qui temporairement les endossent.

La mission A. J. Lucas, au cours de laquelle Michel Leiris a travaillé en liaison étroite avec le géographe Jean Dresch, l'a amené à s'intéresser aux conditions du travail en Côte-d'Ivoire et au Ghâna, alors Gold Coast britannique, territoire visité par la mission dans un but comparatif. Entièrement neuf pour lui, ce thème d'enquête lui a permis de prendre de l'Afrique une vue plus « terre à terre » — si l'on peut ainsi dire — que celle qu'il en avait eue jusqu'alors et de mesurer toute la gravité des problèmes humains qui s'y posaient à l'époque coloniale et, bien que sous des formes moins criantes là où l'émancipation s'est faite, continuent de s'y poser. Dans la ligne du processus de décolonisation dont, pour la France, le Congrès de Brazzaville avait préparé les voies, il s'agissait de définir des moyens libéraux de pallier la crise de main-d'œuvre qui, après la suppression du travail forcé, affligeait la basse Côte-d'Ivoire, où étaient rassemblées les plantations européennes. Aussi, est-ce par son objet même, qui l'obligeait à considérer les conditions toujours dures (quand elles n'étaient pas iniques) dans lesquelles vivaient les Africains employés par les planteurs, qu'elle a montré concrètement à Michel Leiris qu'en face de certains faits inadmissibles dont il se trouve être le témoin, il est difficile à l'ethnographe de ne pas prendre parti. Et c'est ainsi que s'est imposée à lui une conviction qu'il avait toujours éprouvée, mais très confusément : l'ethnographe est conduit par les modalités mêmes de sa recherche au paradoxe de se faire homme « engagé » tout en tendant à une parfaite objectivité.

Ce point de vue, Michel Leiris l'a exprimé dans une conférence, *l'Ethnographe devant le colonialisme*, prononcée — avant de prendre forme d'article — le 7 mars 1950 à l'Association des Travailleurs Scientifiques, devant un auditoire comprenant entre autres personnes Aimé Césaire, Claude Lévi-Strauss, Maxime Rodinson et Jean Rouch, qui prirent part à la discussion.

Le voyage que Michel Leiris a fait en 1948 aux Antilles françaises et en Haïti s'est effectué, scientifiquement, dans la perspective que Melville J. Herskovits a ouverte aux africanistes avec *The Myth of the Negro Past* et, humainement, sous le signe de l'admiration et de l'amitié qu'il avait pour Aimé Césaire, député-maire de Fort-de-France en même temps que le plus en vue des intellectuels antillais de couleur. Discerner les traits culturels négro-africains qui pouvaient avoir survécu chez les descendants des Noirs transplantés à l'époque de la traite, voir de près ce qu'il en était de ces « isles », trop souvent présentées comme des manières d'édens, tels étaient les deux principaux buts que Michel Leiris poursuivait, en entreprenant ce voyage qui eut surtout le caractère d'une prospection menée en des territoires (Martinique et Guadeloupe) certes déjà étudiés, mais insuffisamment, et non d'un point de vue proprement ethnologique.

En 1952, grâce à une mission dont l'avait chargé l'Unesco, Michel Leiris a pu compléter son information, enrichie de surcroît par ses contacts suivis avec Aimé Césaire, les membres de la famille de celui-ci et plusieurs autres Antillais établis à Paris ou dans ses environs. Auteur de la brochure *Race et civilisation*, publiée par l'Unesco dans une collection d'esprit antiraciste dont Alfred Métraux avait établi le programme, il s'est attaché essentiellement, pendant ce deuxième voyage, à l'étude de la question raciale telle qu'elle se pose dans ces îles où, avec des Blancs « métropolitains », voisinent des Blancs originaires, des

Noirs, une grande majorité de personnes issues du mélange des deux races, ainsi que des « cocclies » descendant d'immigrés venus de l'Inde. Il a constaté que les préjugés raciaux qui, moins forts certes qu'en Afrique du Sud ou aux États-Unis, continuent de sévir aux Antilles françaises sont largement conditionnés par les souvenirs de l'époque de l'esclavage et liés, dans une grande mesure, aux situations économiques respectives des groupes intéressés. Guère réprouvée que si elle prend forme légale, l'union d'un Blanc créole et d'une femme de couleur est, en fait, trop fréquente pour qu'on puisse penser qu'il y a répugnance biologique au mélange et que de telles unions rencontrent des obstacles autres que d'ordre social.

Avant même qu'il fût devenu un ethnologue professionnel, Michel Leiris s'était intéressé à ce qu'il est convenu de nommer l'« art nègre », à lui découvert grâce aux incidences de cet art avec les grands mouvements (fauve, cubiste et expressionniste) qui ont révolutionné la peinture et la sculpture occidentales vers le début de ce siècle. D'autre part, son travail au musée de l'Homme l'avait mis pendant des années en contact à peu près quotidien avec les statues, masques et autres objets africains — présentant ou non un caractère artistique — qui y sont conservés. Aussi, est-ce très naturellement qu'il accepta, d'abord, d'écrire pour l'Unesco (qui le publia en 1953) un texte très général sur le rôle des arts sculpturaux dans les cultures africaines, puis de se charger de l'établissement du volume *Afrique noire* dans la collection d'histoire de l'art « L'Univers des formes », que dirigeaient André Malraux et Georges Salles.

Cette dernière tâche, qui l'occupa de 1957 à 1967 et dont il s'acquitta avec l'aide de sa camarade Jacqueline Delange, s'effectua selon les lignes directrices suivantes :

1° Déterminer aussi nettement que possible le domaine sur lequel l'ouvrage devait porter, la notion d'« Afrique noire » étant une notion assez vague qu'on ne saurait prendre pour enseigne sans s'expliquer sur ce que l'on entend exactement par là.

2° Ne pas se borner à l'étude de la sculpture, déjà traitée dans de nombreux ouvrages, mais accorder aux autres arts plastiques (cosmétique et parure, architecture, mobilier, peinture, etc.) toute l'attention qu'ils méritent.

3° Prendre en considération les œuvres en tant que telles, alors que dans trop d'études de ce genre elles apparaissent comme étouffées par l'abondant commentaire sociologique dont on croit devoir les entourer, commentaire certes nécessaire, mais abusif s'il en vient à faire oublier que c'est, en l'occurrence, d'arts plastiques qu'il s'agit essentiellement.

4° Aborder les arts négro-africains dans le même esprit qu'on le fait des arts des autres parties du monde et réagir contre la tendance qui porte à les tenir *a priori* pour des arts en quelque sorte marginaux, qui ne seraient même pas à proprement parler des « arts », ceux qui les ont élaborés n'ayant pas de réaction expressément esthétique à l'égard de leurs produits.

Les deux auteurs de cet ouvrage, que complète celui de Jacqueline Delange, *Arts et peuples de l'Afrique noire*, dont Michel Leiris a écrit la préface, espèrent avoir clairement montré, d'une part, qu'au sein d'un même style de sculpture les œuvres sont moins stéréotypées qu'on ne le croit d'ordinaire, l'observance de la tradition n'excluant pas pour l'artiste toute possibilité de faire œuvre personnelle ; d'autre part, qu'au moins chez certains peuples des objets peuvent être appréciés pour leur valeur esthétique et pas seulement pour leur valeur religieuse, magique ou fonctionnelle à un autre titre. D'une manière générale, ils se sont efforcés de donner la mesure, non seulement de l'étonnante variété de la sculpture africaine, mais de la place considérable que les diverses espèces d'art, pris en bloc, tiennent dans la vie des Noirs, hommes assez doués à cet égard pour qu'un Occidental débarrassé de ses œillères trouve des témoignages frappants de leur goût et de leurs capacités esthétiques même dans des cas où le groupe ne produit qu'un pauvre matériel. Enfin, loin de prétendre établir même provisoirement une somme, ils se sont proposé, avec l'un comme avec l'autre ouvrage, d'attirer l'attention sur des problèmes et de préparer les voies pour de nouvelles recherches à mener sur le terrain et visant à la constitution de ce qu'on pourrait nommer, selon l'expression de Jacqueline Delange, une « ethno-esthétique ».

C'est dans cette perspective que, l'un comme l'autre, ils comptent participer activement aux réunions de séminaire que Jacques Maquet a l'intention de tenir en 1968 au département d'Afrique noire du musée de l'Homme, dans le cadre de son cours de l'École Pratique des Hautes Études, suivi notamment par quelques étudiants ou chercheurs africains disposés à aller enquêter sur place.

Travaux collectifs

1° En rapport avec la mission Dakar-Djibouti.

Mise en forme des *Instructions sommaires pour les collecteurs d'objets ethnographiques* (Paris, mai 1931, Musée d'Ethnographie du Trocadéro et Mission Dakar-Djibouti, 32 p.).

Établissement, avec les éditeurs Albert Skira et É. Tériade, du numéro 2 de la revue *Minotaure*, numéro spécial consacré à la mission Dakar-Djibouti (Paris, juin 1933).

2° Pour le Musée de l'Homme.

Organisation du département et de la galerie d'Afrique noire (établissement du plan, choix des objets et autres documents à exposer, rédaction des notices), en collaboration avec la regrettée Deborah Lifchitz et Denise Paulme-Schaeffner (1936-1937).

Rédaction générale du *Guide du musée de l'Homme*, Muséum National d'Histoire Naturelle [s.d.].

Rédaction partielle et supervision du catalogue de l'exposition *Chefs-d'œuvre du musée de l'Homme* (1965).

Supervision du catalogue de l'exposition *Arts connus et arts méconnus de l'Afrique noire, Collection Paul Tishman* (1966).

Supervision de la partie africaine du catalogue de l'exposition *Arts primitifs dans les ateliers d'artistes* (1967).

3° Divers.

De 1938 à 1966, direction de la collection « L'Espèce humaine », fondée par Alfred Métraux, Paul Rivet et Georges Henri Rivière et aujourd'hui englobée dans la « Bibliothèque des Sciences Humaines » (Éditions Gallimard).

Depuis 1962, participation à la direction de la collection « Classiques Africains », publiée sous la présidence du professeur André Martinet (Éditions Julliard et Institut d'Ethnologie de l'Université de Paris).

Publications personnelles

Compte rendu : *L'exposition de la Mission Dakar-Djibouti (1931-1933).* In *La Terre et la Vie*, 3e année, n° 7, juillet 1933, pp. 430-431.

Compte rendu : Dee (John), *La Monade hiéroglyphique.* Trad. du latin par Grillot de Givry. In *La Révolution surréaliste*, 3e année, n° 9/10, 1er oct. 1927, pp. 61-63.

Notes sur deux figures microcosmiques des XIVe et XVe siècles. In *Documents*, n° 1, avril 1929, pp. 4852.

A propos du « Musée des Sorciers » [de Grillot de Givry]. In *Documents*, n° 2, mai 1929, pp. 109-116.

Civilisation. In *Documents*, n° 4, sept. 1929, pp. 221.222

Compte rendu : Seabrocck (Willie B.), L'Ile magique [Haïti]. In *Documents*, n° 6, nov. 1929, pp. 334-335.

Saints noirs. In *La Revue du Cinéma*, 2e année, n° 11, 1er juin 1930, pp. 30-33. (A propos du film de King Vidor *Hallelujah*).

Compte rendu : Frazer (James G.), *Myths of the origin of the fire*. In *Documents*, 2e année, n° 5, 1930, p. 311.

Compte rendu : Brunhes (Jean) et Jean Bruhnes-Delamare (Mariel), *Races*. In *Documents*, 2e année, n° 6, 1930, pp. 375-376.

L'Œil de l'ethnographe. In *Documents*, 2e année, n° 7, 1930, pp. 404-414. (A propos de la mission Dakar-Djibouti).

Faîtes de case des rives du Bani (Bassin du Niger). In *Minotaure*, 1er année, n° 2, juin 1933 (« Mission Dakar-Djibouti 1931-1933 »), pp. 18-19.

Objets rituels dogon. *Ibid.*, pp. 26-30.

Masques dogon. *Ibid.*, pp. 45-51.

Le Taureau de Seyfou Tchenger. *Ibid.*, pp. 7482.

Compte rendu : Simmel (Édouard), *Comment l'homme forma son dieu*. In *La Critique sociale*, 2e année, n° 9, sept. 1933, p. 146.

Compte rendu : Raphael (Max), *Proudhon, Marx, Picasso*. *Ibid.*, p. 147.

Compte rendu : Bonaparte (Marie), *Edgar Poe*. In *La Critique sociale*, 2e année, n° 10, nov. 1933, pp. 185-187.

L'Afrique fantôme. Paris, Gallimard, 1934. 529 p. Réédité en 1951, avec une préface et des notes.

Compte rendu : Ellis (Havelock), *Études de psychologie sexuelle. T.* 12 : *L'Art de l'amour, la Science de la procréation.* T. 13 : *Le Mécanisme des déviations sexuelles, le Narcissisme.* In *La Critique sociale*, 2e année, n° 11, mars 1934, pp. 252-253.

Rhombes dogon et dogon pignari. In *Bulletin du Musée d'Ethnographie du Trocadéro*, n° 7, janv-juin 1934, pp. 3-10.

Le Culte des zârs à Gondar (Éthiopie septentrionale). In *Aethiopica*, New York, 2e année, n° 3 et 4, juillet et octobre 1934, pp. 96-103 et 125-136.

Rites de circoncision namchi. In *Journal de la Société des Africanistes*, t. 4, fasc. I, 1934, pp. 63-79.

L'Art des Iles Marquises. Exposition au musée d'ethnographie du Trocadéro. In *Cahiers d'art*, 9e année, 1934, n° 5/8, pp. 185-192.

Graffiti abyssins. In *Arts et métiers graphiques*, n° 44, 15 déc. 1934, p. 56-57.

Un rite médico-magique éthiopien : le jet du *dangârâ*. In *Aethiopica*, 3e année, n° 2, avril 1935, pp. 61-74.

L'Abyssinie intime. In *Mer et Outre-mer*, juin 1935, pp. 43-47.

Compte rendu : Lachin (Maurice) et Weliachev (Dimitry), *L'Éthiopie et son destin.* In *La Nouvelle Revue Française*, 24e année, n° 268, 1er janv. 1936, pp. 123-125.

Les Kamites orientaux. *Encyclopédie française*, t. 7, *L'Espèce humaine*, Paris, 1936, 7.34.14.

Les Nilotes et les demi-Kamites. *Ibid.*, 7.34.16.

Bois rituels des falaises [de Bandiagara]. In *Cahiers d'art*, 11e année, n° 6/7, 1936, pp. 192-199.

Les Rites de circoncision chez les Dogon de Sanga (en collaboration avec André Schaeffner). In *Journal de la Société des Africanistes*, t. 6, fasc. 2, 1936, pp. 141-161.

La Croyance aux génies « zâr » en Éthiopie du Nord. In *Journal de psychologie normale et pathologique*, 35e année, janv.-mars 1938, pp. 108-125.

Le Sacré dans la vie quotidienne. In *La Nouvelle Revue Française*, 26e année, n° 298, 1er juillet 1938, pp. 26-38 (« Pour un Collège de Sociologie », ensemble de trois articles de Georges Bataille, Michel Leiris et Roger Caillois).

Du Musée d'Ethnographie au Musée de l'Homme. In *La Nouvelle Revue Française*, 26e année, n° 299, 1er août 1938, pp. 344-345.

Compte rendu : Leenhardt (Maurice), *Gens de la Grande Terre*. In *La Nouvelle Revue Française*, 26e année, n° 302, 1er nov. 1938, pp. 853-854.

Les Statuettes magiques [bavili]. In *La Revue des Voyages*, janv. 1939, p. 22.

La Sculpture [dogon et bavili] au musée de l'Homme. In *XXe siècle*, 2e année, n° 1, juin 1939, p. 55.

Les Races de l'Afrique. In *Races et racisme*, 3e année, n° 16/18, déc. 1939, pp. 13-15.

Prestige de la Gold Coast. In *Échange*, n° 2, [1945], pp. 66-79.

La Langue secrète des Dogons de Sanga (Soudan français). Paris, Institut d'Ethnologie, 1948, XXXII 536 p. (« Travaux et mémoires de l'Institut d'Ethnologie de l'Université de Paris », 50).

Rien à gagner avec ce genre d'hybrides. In *Combat*, 25 juin 1948. (A propos de *Les Masques*, par Georges Buraud).

Message de l'Afrique. In *Le Musée vivant*, 12e année, n° 36/37, nov. 1948, pp. 5-6. (Numéro spécial consacré aux problèmes culturels de l'Afrique noire).

Antilles et poésie des carrefours. In *Conjonction, bulletin de l'Institut français d'Haïti*, Port-au-Prince, n° 19, fév. 1949, pp. 1-13.

Compte rendu : Breton (André), *Martinique, charmeuse de serpents*. In *Les Temps modernes*, 4e année, n° 40, fév. 1949, pp. 363-364.

Mission [...] aux Antilles Françaises et à la République d'Haïti [...], Basse-Terre, Comité de la Ligue de l'Enseignement, section de la Guadeloupe [...] 1949, 21 f. ,multigr. (Rapport de mission).

Perspectives culturelles aux Antilles Françaises et en Haïti. In *Politique étrangère*, 14e année, n° 4, août 1949, pp. 341-354.

Martinique, Guadeloupe, Haïti. In *Les Temps modernes*, 5e année, n° 52, févr. 1950, pp. 1345-1368. (Présentation de textes antillais).

Trois chansons guadeloupéennes. *Ibid.*, pp. 1394-1396.

Biguines et autres chansons de la Martinique. *Ibid.*, pp. 1397-1407.

Noms de véhicules terrestres dans les Antilles de langue française. *Ibid.*, pp. 1408-1413.

Le problème culturel dans les Antilles de langue française. In *Trait d'union, édité par l'Association des étudiants de la Martinique*, 1er année, n° 3, mars 1950, pp. 3-4. (Extraits d'une conférence prononcée le 17 février).

L'Ethnographe devant le colonialisme. In *Les Temps modernes*, 6e année, n° 58, août 1950, pp. 357-374.

Race et civilisation. Paris, Unesco (« La Question raciale devant la science moderne »), 1951, 47 p.

Sacrifice d'un taureau chez le houngan Jo Pierre-Gilles. In *Présence Africaine*, n° 12 (« Haïti, Poètes noirs »), 1951, pp. 22-36.

L'Expression de l'idée de travail dans une langue d'initiés soudanais. In *Présence Africaine*, n° 13 (« Le Travail en Afrique noire »), pp. 69-83.

Note sur l'usage de chromolithographies catholiques par les vodouïsants d'Haïti. In *Les Afro-Américains.* [Études réunies par Pierre Verger]. Dakar, IFAN, 1953, pp. 201-207. (Mémoires de l'Institut Français d'Afrique Noire, 27).

Les Nègres d'Afrique et les arts sculpturaux. In *L'Originalité des cultures, son rôle dans la compréhension internationale.* Paris, Unesco, 1953, pp. 336-373.

Une Marionnette d'Ubu. In *Arts et traditions populaires*, n° 4, oct.-déc. 1953, pp. 337-338.

Le Culte des zâr à Gondar (Éthiopie du Nord). Notes pour deux conférences prononcées à l'École nationale des Langues orientales vivantes. Paris, 1955, 10 f. ,multigr.

Contacts de civilisations en Martinique et en Guadeloupe. Paris, Unesco, Gallimard, 1955, 192 p.

L'Éducation des illettrés en Chine nouvelle. In *Le Patriote du Sud-Ouest*, Toulouse, n° 3105, 18 janv. 1956, p. 9.

A travers « Tristes Tropiques » [de Claude Lévi-Strauss]. In *Cahiers de la République*, n° 2, 1956, pp. 130-135.

La Possession et ses aspects théâtraux chez les Éthiopiens de Gondar. Paris, Plon (« L'Homme. Cahiers d'ethnologie, de géographie et de linguistique », n.s. I), 1958, 109 p.

Préface à l'exposition *L'Art de l'Afrique Noire*, Palais Granvelle, Besançon, 12 juillet-5 octobre 1958.

Catalogue de l'exposition *Sculpture of the Tellem and the Dogon*, London, Hanover Gallery, 1959 (Textes de Michel Leiris et de Jacques Damase).

La possession par le zâr chez les chrétiens du Nord de l'Éthiopie. In *Désordres mentaux et santé mentale en Afrique du Sud du Sahara*, réunion C.C.T.A./C.S.A. - F.M.S.M. - 0.M.S. de spécialistes sur la santé mentale, Mental disorders [...], C.C.T.A./ C.S.A. - W.F.M.H. - W.H.0. meeting [...], Bukavu, 1958. [London], Conseil Scientifique pour l'Afrique au Sud du Sahara, Scientific Council [...], 1960 (C.S.A. Publication n° 35), pp. 168-175.

Préface à Tubiana (Joseph) et Tubiana (Marie-José), *Contes zagawa. Trente-sept contes et deux légendes recueillies au Tchad.* Paris, les Quatre jeudis, 1962.

Un grand ethnologue [Alfred Métraux]. In N.R.F. *Bulletin*, n° 181, juin 1963, p. 19.

Regard vers Alfred Métraux [allocution prononcée au cours de l'hommage à A. Métraux, Palais de l'Unesco, 17 juin 1963]. In *Mercure de France*, n° 1200, oct 1963 pp. 411-415. Repris augmenté d'un préambule, in *L'Homme*, t.4, n°2 (In memoriam Alfred Métraux), mai-août 1964, pp.11-15.

Le Témoignage de Michel Leiris au procès des 18 jeunes Martiniquais. In *Aletheia*, n° 3, mai 1964, pp. 183-186.

Paysans de la Chine d'aujourd'hui. In *NRF Bulletin*, n° 193, sept. 1964, p. 1 (présentation de *Un village de la Chine populaire* par Jean Myrdal, Paris, Gallimard, col. « L'Espèce humaine », 1964).

Qui est Aimé Césaire ? In *Critique*, n° 216, Paris, mai 1965, pp. 395-402.

Réflexions sur la statuaire religieuse de l'Afrique noire [exposé et discussion]. In *Rencontres internationales de Bouaké. 1962, octobre. Les Religions africaines traditionnelles.* Paris, Éditions du Seuil, 1965, pp 171-197.

Afrique noire : la création plastique (en collaboration avec Jacqueline Delange). Paris, Gallimard (« L'Univers des formes », II), 1967, XII-455 p.

Préface à *Arts et peuples de l'Afrique noire*, par Jacqueline Delange. Paris, Gallimard (« Bibliothèque des Sciences humaines »), 1967, pp. VII-XXI.

Août 1967

Table

C'EST-À-DIRE

a été achevé d'imprimer
par France Quercy à Cahors
le 1er septembre 1992

Cinquante-cinq exemplaires
à grandes marges,
numérotés
de 1 à 55,
constituent
l'édition originale

Exemplaire N°

Dépot légal septembre 1992

CAHIERS DE GRAD*H*IVA

COLLECTION FONDÉE PAR
JEAN JAMIN ET MICHEL LEIRIS

Maurice Leenhardt, personne et mythe en Nouvelle-Calédonie
James Clifford, Cahier de Grad*h*iva *1*, 1987.

Le Jazz
André Schaeffner, Cahier de Grad*h*iva 2, 1988.

Organisation sociale des Dogon
Denise Paulme, Cahier de Grad*h*iva *3*, 1988.

L'Esprit des usages et des coutumes des différents peuples
Jean-Nicholas Demeunier, Cahier de Grad*h*iva *4*, 1988.

L'Homme et les sociétés, leurs origines et leur histoire
Gustave Lebon, Cahier de Grad*h*iva *5*, 1988.

Le Péché et l'expiation dans les sociétés primitives
Robert Hertz, Cahier de Grad*h*iva *6*, 1988.

Hommes fossiles et hommes sauvages
Armand de Quatrefages, Cahier de Grad*h*iva *8*, 1988.

Les Origines du Musée d'Ethnographie du Trocadéro
Ernest-Théodore Hamy, Cahier de Grad*h*iva *9*, 1988

Législation primitive considérée par la raison
Louis de Bonald, Cahier de Grad*h*iva *10*, 1988.

Mémoires sur l'Ile de Noirmoutier
François Piet, Cahier de Grad*h*iva *11*, 1989.

Mémoires d'anthropologie
Paul Broca, Cahier de Grad*h*iva *12*, 1989.

Site des cordillères et monuments des peuples indigènes de l'Amérique
Alexandre de Humbold, Cahier de Grad*h*iva *13*, 1989.

Antiquités celtiques et antédiluviennes
Jacques Boucher de Perthes, Cahier de Grad*h*iva *14*, 1989.

Le Visiteur du pauvre
Joseph-Marie de Gérando, Cahier de Grad*h*iva *15*, 1990.

Recherches philosophiques sur les Américains
Cornélius de Pauw, Cahier de Grad*h*iva *16*, 1990.

Origine de l'homme et des sociétés
Clémence Royer, Cahier de Grad*h*iva *17*, 1990.

L'Homme dans la nature,
Paul Topinard, Cahier de Grad*h*iva *18*, 1990.

Documents (1929-30)
Georges Bataille, Michel Leiris, Cahier de Grad*h*iva *19*, 1991.

La Langue secrète des Dogon de Sanga
Michel Leiris, Cahier de Grad*h*iva *20*, 1992.

C'est-à-dire
Michel Leiris, Cahier de Grad*h*iva *21*, 1992.